Günther Kaiser

Stand und Entwicklung
der kriminologischen Forschung in Deutschland

SCHRIFTENREIHE
DER JURISTISCHEN GESELLSCHAFT e.V.
BERLIN

Heft 49

W
DE
G

1975

DE GRUYTER · BERLIN · NEW YORK

Stand und Entwicklung
der kriminologischen Forschung
in Deutschland

Von

Günther Kaiser

Erweiterter Vortrag
gehalten vor der
Berliner Juristischen Gesellschaft
am 3. Dezember 1974

W
DE
G

1975

DE GRUYTER · BERLIN · NEW YORK

Dr. *Günther Kaiser*

Prof. an der Universität Freiburg i. Br. sowie Direktor des Max-Planck-Instituts für ausländisches und internationales Strafrecht und Leiter der Forschungsgruppe Kriminologie

ISBN 3 11 006629 7

1. Ausgangspunkte, Aufgaben und Probleme

An Ort und Wirkungsstätte Franz v. *Liszts* ist es in hohem Grade legitim zu fragen, was nach der knapp einhundertjährigen Bewegung aus seinen Impulsen und jenen seiner Zeitgenossen geworden oder davon geblieben ist. Wie es scheint, wirken *v. Liszts weitreichende Gedanken* für Kriminologie, Strafrecht und Kriminalpolitik noch immer nach bis in unsere reformbewegte Zeit. Dabei muß hier dem Thema folgend die kriminologische Forschung im Mittelpunkt stehen. Freilich könnte es auch darüber hinaus reizvoll sein, die Verdienste v. *Liszts* um die Kriminologie zu untersuchen und zu würdigen[1].

Unter *kriminologischer Forschung* wird die systematische Arbeit begriffen, welche die Gesamtheit des Erfahrungswissens über das Verbrechen, den Rechtsbrecher, die negative soziale Auffälligkeit und über die Kontrolle dieses Verhaltens zu erweitern und zu vertiefen sucht. Sie will damit zu einem festen Bestand an gesichertem Wissen beitragen. Ihr Nahziel besteht in der kontinuierlichen Dauerbeobachtung des Verbrechens, der Rechtsbrecher und der Verbrechenskontrolle. Für dieses vielschichtige Problemfeld will sie die gewonnenen Daten systematisch aufbereiten und verfügbar machen.

Dabei herrscht heute Übereinstimmung darüber, daß die Kriminologie eine Erfahrungswissenschaft ist. Sie folgt also einem empirischen Ansatz, der mehr auf Beobachtung gegründet ist als auf Argumente oder Meinungen. Allerdings bleibt auch in der Kriminologie Raum für Meinung und Interpretation. Aber die Grundlage dieser Wissenschaft sind doch die erhobenen Fakten und die gewonnenen Beobachtungen, an denen Hypothesen und Theorien überprüft werden. Die empirische Haltung meint da-

---

[1] Zu der wichtigen Rolle Franz v. *Liszts* in der kriminologischen und kriminalpolitischen Entwicklung vgl. H. *Mannheims* Einführung zu den „Pioneers in Criminology". London 1960, 9, 19; ferner *Radzinowicz,* L.: Strafrecht und Kriminologie. In: BKA Wiesbaden (Hrsg.): Strafrechtspflege und Strafrechtsreform. Wiesbaden 1961, 17—34 (insbesondere 18—24, 30), und *Würtenberger,* Th.: Entwicklung und Lage der Kriminologie in Deutschland. In: Juristen-Jahrbuch. Bd. 5. Köln 1964, 147—168 (147 f.); *ders.:* Notwendigkeit und Möglichkeit einer koordinierten kriminologischen Forschung. In: BKA Wiesbaden (Hrsg.): Grundlagenforschung und Kriminalpolizei. Wiesbaden 1969, 225—241 (225 f.). Demgegenüber wird der Beitrag *Kempes* in der Gedächtnisschrift für v. *Liszt* der großen Bedeutung dieses Mannes nicht gerecht; vgl. *Kempe* G. Th.: Franz von Liszt und die Kriminologie. ZStW 81 (1969), 804—824.

6

her nichts anderes, als eher mit Fakten denn mit Meinungen um-
zugehen und vor allem die Bereitschaft, sich der Kraft der Tat-
sachen auch dann zu beugen, wenn sie den eigenen Erwartungen
und Wunschvorstellungen des Forschers entgegenstehen. Sie geht
also davon aus, daß es besser ist, ohne Antwort zu bleiben, als
eine unangemessene hinzunehmen[2].

Derartige Postulate mögen vielen banal erscheinen. Die ihnen
zugrundeliegende Auffassung ist jedoch nach dem gegenwärtigen
Spektrum der kriminologischen Forschung keineswegs selbstver-
ständlich. Wie nämlich „eine selektive Behandlung anfallender
Daten systematisch verhindert werden kann"[3], ist als Problem
kaum erkannt, geschweige gelöst. Ferner besteht überall die Aufgabe, ständig bereit und genügend offen zu sein, um auch unerwünschte Forschungstatsachen hinzunehmen, ohne sie „frisie-
ren" oder umdeuten zu wollen. Diese ebenso zentralen wie umstrittenen *Fragen nach der Sicherung empirischen Wissens und
Objektivität* der Forschung, damit nach der persönlichen Lauter-
keit und Redlichkeit des Wissenschaftlers, wenden sich dabei als
Aufforderung an jedermann im Bereich kriminologischer Forschung. Sie können letztlich nur durch Forschungspluralismus,
Interdisziplinarität und wissenschaftliche Kritik sichergestellt
werden.

Ermutigende Anhaltspunkte und Hinweise dafür wird man
dem breiten *Ausbau der Lehre* entnehmen dürfen. Vor allem im
Zusammenhang mit der erneuerten Juristenausbildung und der
Einführung der Wahlfachgruppe „Kriminologie, Jugendstrafrecht, Strafvollzug"[4] Anfang der 70er Jahre befassen sich nun-

---

[2] *Gottfredson,* D. M.: Research — Who Needs It? Crime and Delinquency 17, 1 (1971), 14; *Kaiser,* G.: Kriminologie. 2. Aufl. Karlsruhe 1973, 3.
[3] *König,* R.: Einige Bemerkungen über die Bedeutung der empirischen
Forschung in der Soziologie. In: *König,* R. (Hrsg.): Handbuch der empirischen Sozialforschung. Bd. 2. Stuttgart 1969, 1281.
[4] Dazu *Herren,* R.: Modellvorstellungen für das Wahlfach „Kriminologie, Jugendstrafrecht, Strafvollzug" im künftigen juristischen Hochschul-
unterricht. JZ 1971, 455—457; *Blei,* H.: Kriminologie, Jugendstrafrecht,
Strafvollzug. In: *Bussmann,* H. W. (Hrsg.): Wahlfachgruppen. JA —
Sonderheft 11, Berlin 1972, 43 ff.; *Kerner,* H. J.: Relationship between
Scientific Research and Teaching in Criminology. In: *Kaiser,* G., Th.
Würtenberger (Hrsg.): Criminological Research Trends in Western Germany.
Berlin, Heidelberg, New York 1972, 35 ff.; *Peters,* K.: Juristenausbildung.
In: Fehlerquellen im Strafprozeß. Bd. 2. Karlsruhe 1972, 331; *Wolff,*
J.: Der Standort der Kriminologie in der Juristenausbildung. GA 1972,
257—271; *Thoss,* P.: Kriminalpolitische Juristenausbildung. In: Der neue
Jurist. Ausbildungsreform in Bremen als Planungs- und Lernprozeß. Darm-

mehr Dozenten an mehr als dreißig Hochschulen im Bundesgebiet auch oder vornehmlich mit Kriminologie[5].

Angesichts ihrer starken institutionellen Verflechtung mit den juristischen Fachbereichen und im Hinblick auf die ausgedehnten Lehr- und Prüfungsaufgaben wird man allerdings fragen müssen, was Lehre und Verwaltung jetzt noch an Forschung übrig lassen.

Man könnte daran denken, daß die Lage ähnlich ist wie jene der Soziologie. Dort nämlich wurde erst kürzlich auf dem Soziologentag über den Ertrag einer wissenschaftssoziologischen Forschungsenquête berichtet. Danach findet empirische Forschung weitgehend nur außerhalb der Universitäten statt[6]. An den Universitäten hingegen forschten „die Etablierten nur mit dem kleinen Finger der linken Hand". Empirische Forschung scheine eine mindergeachtete Beschäftigung für Anfänger zu sein, die oft nur Zeitverträge hätten und beruflich ungesichert seien. Andere Stimmen meinen, daß die jüngere Generation sich großenteils vom Seminarmarxismus abwende und zur Empirie hinstrebe, während die älteren Hochschullehrer es vorzögen, sozialphilosophische Essays zu schreiben.

Ob diese Situationsanalyse generell zutrifft, kann hier dahingestellt bleiben. In der Kriminologie zumindest, soweit sie in juristischen Fachbereichen betrieben wird, ist die Lage schon deshalb anders, weil sich hier die Wissenschaft den prüfenden

---

stadt, Neuwied 1973, 107 ff.; *Göppinger*, H.: Möglichkeiten und Grenzen kriminologischer Ausbildung der Juristen. In: *Baumann*, J., K. *Tiedemann* (Hrsg.): Einheit und Vielfalt des Strafrechts. Festschrift für Karl *Peters*. Tübingen 1974, 519 ff.; *Jung*, H.: Wahlfachgruppe: Kriminologie, Jugendstrafrecht, Strafvollzug, JuS 1974, 64—67; *Kürzinger*, J.: Institutionen der Kriminologie. In: *Kaiser*, G., F. *Sack*, H. *Schellhoss* (Hrsg.): Kleines Kriminologisches Wörterbuch. Freiburg 1974, 128—132.

[5] Im Wintersemester 1974/75 waren an 33 deutschen Hochschulen etwa 180—185 akademische Lehrkräfte in 343 Wochenstunden mit der Lehre der Kriminologie im weitesten Sinne befaßt (zum Vergleich: Im Wintersemester 1968/69 wurden an 20 Universitäten der BRD in 85 Wochenstunden kriminologische Veranstaltungen abgehalten (*Kerner*, H.J.: a. a. O., [Anm. 4], 40). Das heutige Lehrangebot verteilt sich auf 233 wöchentliche kriminologische Vorlesungsstunden sowie auf 120 wöchentliche Veranstaltungsstunden mit mehr praktischem Bezug (Seminare, Übungen, Kolloquien etc.) (*Berckhauer*, F. H.: La situation de la criminologie dans l'enseignement universitaire de la République Fédérale d'Allemagne. Revue internationale de criminologie et de police technique 1975 [im Erscheinen]).

[6] *Lutz*, B., berichtet nach *Klausa*, FAZ Nr. 259 v. 7. 11. 1974; siehe ferner *Lepsius*, M. R.: Herausforderung und Förderung der sozialwissenschaftlichen Forschung. Soziale Welt 25 (1974), 2.

8

Blicken und Erwartungen der Praxis ausgesetzt sieht. Druck, Sorgen und Nöte von Polizei, Justiz, Strafvollzug und Bewährungshilfe bewahren sie heilsam davor, daß die „Bäume" der kriminologischen Erkenntnis in den wissenschaftlichen „Himmel" wachsen. Gerade die *ständige Forderung der Kriminologie durch die Praxis* drängt die Wissenschaft sowohl zur Erkenntnissteigerung als auch zur Bedarfsforschung. Die Reorganisation der „kriminologisch-kriminalistischen Forschung" im Bundeskriminalamt Anfang der 70er Jahre[7] und die Forderung nach einer „Kriminologischen Zentralstelle" von Bund und Ländern[8] veranschaulichen das Informationsbedürfnis der Praxis, aber auch die Dilemmas kriminologischen Forschens. Immerhin ist die Wendung des Strafrechts nach den ersten beiden Strafrechtsreformgesetzen des Jahres 1969 zur Prävention so deutlich, daß *Schaffstein* unter dem Thema „Kriminologie und Strafrechtskommentare" neuerdings mit Entschiedenheit Konsequenzen auch für die Erläuterung des Strafrechts fordert.[9]

Ehe die gegenwärtige Situation näher analysiert wird, soll zum besseren Verständnis der kriminologische Erkenntniswandel nachzuzeichnen versucht werden. Denn auch in der Kriminologie ist die Forschung von heute das Ergebnis der Wissenschaft und Wissenschaftspolitik von gestern oder vorgestern.

2. Entwicklungsgeschichte und internationaler Vergleich der kriminologischen Forschung

Die Bewegung der kriminologischen Forschung seit *Lombroso* spiegelt erwartungsgemäß den Aufgaben- und Theorienwandel

---

[7] Dazu *Gallus*, H.: Kriminalistisch-kriminologische Forschung im Bundeskriminalamt. Kriminalistik 26 (1972), 578—581; *Herold*, H.: Kriminologisch-kriminalistische Forschung im Bundeskriminalamt. In: Bundeskriminalamt (Hrsg.): Kriminologentreffen am 12. Oktober 1973 in Wiesbaden, 2—17; *Leferenz*, H.: BKA-Forschung von außen gesehen, ebenda 28—31; *Gemmer*, K. H.: Pläne und Initiativen zur Förderung kriminalistisch-kriminologischer Forschung. KrimGegfr 11 (1974), 196—200.
[8] Dazu *Matussek*, H.: Welche Aufgaben könnte eine zentrale kriminologische Forschungsstelle übernehmen? Der Kriminalist 8 (1974), 449 ff.; *Roth*, W.: Das Projekt einer kriminologischen Zentralstelle von Bund und Ländern. KrimGegfr 11 (1974), 201—204.
[9] *Schaffstein*, F.: Kriminologie und Strafrechtskommentare. In: *Roxin*, C. u. a. (Hrsg.): Festschrift für H. *Henkel*, Berlin 1974, 215—227.

in der Kriminologie wider. Derartige Veränderungen pflegt man heute in Anlehnung an *Kuhn* als sogenannten Paradigmawechsel auszudrücken[10]. Die Entwicklung kriminologischer Forschung deckt sich daher weithin mit der Geschichte der Kriminologie überhaupt[11].

2.1. Geschichtlicher Überblick

Klinische, forensisch- und gefängnispsychiatrische Beiträge einerseits, vorwiegend an Einzelfallstudien oder Untersuchungen kleiner Gruppen orientiert[12], und kriminalstatistische Ansätze der Juristen andererseits[13], stehen am Anfang. Wenige soziologische Analysen[14] und einige Strafzumessungserhebungen[15] folgen. Vor allem bestimmen erb- und konstitutionsbiologische sowie psychopathologische und sonstige typologische Untersuchun-

[10] *Kuhn, Th. S.*: Die Struktur wissenschaftlicher Revolutionen. Frankfurt/M. 1973; ferner *Stent, G. S.*: Vorzeitigkeit und Einmaligkeit wissenschaftlicher Entdeckungen. In: Jahrbuch der Max-Planck-Gesellschaft 1973, 148—168.

[11] Dazu *Oberschall, A.*: Empirical Social Research in Germany 1848—1914. Paris, Den Haag 1965; *Hering, H.*: Der Weg der Kriminologie zur selbständigen Wissenschaft. Hamburg 1966; *Mechler, A.*: Studien zur Geschichte der Kriminalsoziologie. Göttingen 1970; *Göppinger, H.*: Kriminologie. 2. Aufl. München 1973; *Kaiser, G.*: A. a. O. (Anm. 2); *Brauneck, A. E.*: Allgemeine Kriminologie. Reinbek bei Hamburg 1974; *Mannheim, H.*: Vergleichende Kriminologie. Bd. 1. Stuttgart 1974.

[12] Z. B. *Baer, A.*: Der Verbrecher in anthropologischer Beziehung. Leipzig 1893; *Gruhle, H. W.*: Die Ursachen der jugendlichen Verwahrlosung und Kriminalität. Berlin 1912.

[13] Vgl. *Mittermaier, C. J. A.*: Beiträge zur Criminal-Statistik, mit vergleichenden Bemerkungen über die Verhältnisse des Verbrechen und der Criminal-Justiz in Frankreich, England, in den Niederlanden, der Schweiz, Bayern, Baden und Lippe-Detmold. In: Annalen der deutschen und ausländischen Criminal-Rechts-Pflege, Bd. 7 (1830), 197—232; Bd. 8 (1830), 190—218; *Starke, W.*: Verbrechen und Verbrecher in Preußen 1854—1878. Eine kulturgeschichtliche Studie. Berlin 1884; *v. Liszt, F.*: Das Verbrechen als sozialpathologische Erscheinung (1889). In: Strafrechtliche Aufsätze und Vorträge. Bd. 2. Berlin 1905, 230 ff.; *Seuffert, H.*: Die Bewegung im Strafrechte während der letzten dreißig Jahre. Dresden 1901.

[14] Z. B. *Tönnies, F.*: Das Verbrechen als soziale Erscheinung. Archiv für soziale Gesetzgebung und Statistik 8 (1895), 329 ff.

[15] *V. Mayr, G.*: Statistik der gerichtlichen Polizei im Königreich Bayern und in anderen Ländern. München 1867; *ders.*: Die Kriminalstatistik als Prüfungsmittel für die Gleichartigkeit der Rechtsprechung in Strafsachen. Beiträge zur Allgemeinen Zeitung 1878; *Woerner, O.*: Die Frage der Gleichmäßigkeit der Strafzumessung im Deutschen Reich. München 1907.

10

gen[16] das Bild der Forschung. Freilich befaßt man sich auch mit kriminalstatistischen Untersuchungen, nicht zuletzt wegen der wechselnden Kriminalitätsentwicklung in der Kriegs- und Nachkriegszeit[17]. Mit den mehrfaktoriellen und prognostischen Ansätzen der *Exner*-Schule endet im wesentlichen die *erste Forschungsphase* in Deutschland.[18] Dafür ist es gleichgültig, ob wir die zeitliche Zäsur 1939 oder 1949 ansetzen[19].

Die *Nachkriegsbewegung* läßt sich in zwei Stadien begreifen. Der *erste Impuls*, im wesentlichen von Dissertationen getragen, fällt in die 50er Jahre. Er hat hauptsächlich jugendkriminologische Untersuchungen zum Inhalt[20]. Trotz der Konzentration von Interesse und Forschungsmitteln auf die Problematisierung der Jugend — eine Eigentümlichkeit, die kriminologisches Den-

---

[16] Z. B. *Kretschmer*, E.: Körperbau und Charakter. 1. Aufl. Berlin 1921, 23./24. Aufl. Berlin u. a. 1961; *Schneider*, K.: Die psychopathischen Persönlichkeiten. 1. Aufl. Wien 1923, 9. Aufl. Wien 1950; *Birnbaum*, K.: Die psychopatischen Verbrecher. 2. Aufl. Leipzig 1926; *ders.*: Kriminalpsychopathologie und psychologische Verbrecherkunde. 2. Aufl. Berlin 1931; *Lange*, J.: Verbrechen als Schicksal. Studien an kriminellen Zwillingen. Leipzig 1929; *Stumpfl*, F.: Erbanlage und Verbrechen. Berlin 1935; *ders.*: Die Ursprünge des Verbrechens. Leipzig 1936; *Kranz*, H.: Lebensschicksale krimineller Zwillinge. Berlin 1936; zur Verwahrlosungsforschung im Jugendbereich insgesamt vgl. die Sekundäranalyse von *Schulze-Steinen*, J.: Die deutsche Forschung nach den Ursachen der Jugendverwahrlosung in den letzten drei Jahrzehnten. München 1935.
[17] *Exner*, F.: Krieg und Kriminalität in Österreich. Wien 1927; *Liepmann*, M.: Krieg und Kriminalität in Deutschland. Stuttgart, Berlin, Leipzig 1930.
[18] Dazu *Exner*, F.: Kriminologie. Berlin 1949; unausgeschöpft blieb jedoch das angedeutete Programm von 1935, vgl. *Exner*, F.: Kriminalistischer Bericht über eine Reise nach Amerika. ZStW 54 (1935), 345 ff., 512 ff.; Siehe auch *v. Weber*, H.: Kriminalsoziologische Einzelforschungen. Jena 1939.
[19] Vgl. dazu *Frey*, E.: Kriminologie. Programm und Wirklichkeit. Schweiz. Zeitschrift für Strafrecht 66 (1951), 49 ff.; *Bader*, K. S.: Stand und Aufgaben der Kriminologie. JZ 7 (1952), 16—19.
[20] Dazu *Bader*, K. S.: Soziologie der deutschen Nachkriegskriminalität. Tübingen 1949; *ders.*: Soziologie der Jugendkriminalität. In: Bekämpfung der Jugendkriminalität. Arbeitstagung im BKA Wiesbaden vom 1.—6. November 1954. Wiesbaden 1955, 63—70; *Middendorff*, W.: Kriminelle Jugend in Europa. Freiburg 1953; *ders.*: Jugendkriminologie. Ratingen 1956; *Brückner*, O.: Die Jugendkriminalität. Erscheinungsformen — Ursachen — Behandlung. Hamburg 1956; *Heintz*, P., R. *König* (Hrsg.): Soziologie der Jugendkriminalität. 2. Sonderheft der KZfSS. Köln-Opladen 1957; *Leferenz*, H.: Die Kriminalität der Kinder. Eine kriminologisch-jugendpsychiatrische Untersuchung. Tübingen 1957; *Kaiser*, G.: Randalierende Jugend. Heidelberg 1959; *Pongratz*, L., H. *Hübner*: Lebensbewährung nach öffentlicher Erziehung. Eine Hamburger Untersuchung über das Schicksal aus der Fürsorgeerziehung und der freiwilligen Erziehung entlassener Jugendlicher. Darmstadt, Neuwied, Berlin 1959.

ken mit anderen Wissenschaften teilt[21] — fehlt es im ganzen und langfristig gesehen der Schrittmacherfunktion jugendkriminologischer Forschung an Durchschlagskraft[22]. Dieser Sachverhalt beruht wohl darauf, daß die Institutionalisierung der Forschung vernachlässigt bleibt. Dem steht die Fortentwicklung der Prognoseforschung nicht entgegen[23]. Außerdem sind die Ansätze betriebs- und wirtschaftskriminologischer Forschung sowie die empirische Analyse des Strafverfahrens zu erwähnen. Sie beruhen vornehmlich auf der Anregung und Betreuung des verstorbenen Bonner Kriminologen *v. Weber.* Zwar finden sie später die verdiente Beachtung. Doch zunächst bleiben sie ebenso wie andere hoffnungsvolle Ansätze[24] und Mahnrufe[25] folgenlos.

Erst mit dem Anbruch der 60er Jahre werden — jetzt über die Bonner, Freiburger, Hamburger, Heidelberger, Kölner, Mainzer, Münsterschen und Saarbrücker Anfänge hinausgreifend — rein kriminologische *Lehrstühle* geschaffen und *Forschungsinstitute* ausgebaut oder neu gegründet. Erst jetzt wird es überhaupt möglich, *Bibliotheksmittel* und Assistentenstellen speziell und langfristig für kriminologische Forschung einzusetzen. Erst von dieser Zeit an ist daran zu denken, empirische Untersuchungen zu planen, die von einer *Forschungsgruppe* und nicht nur von einem einzelnen getragen werden[26]. Die Gründung weiterer

[21] Dazu *Schellhoss,* H.: Jugendkriminalität. In: *Wehling, H.—G.* (Hrsg.): Jugend zwischen Auflehnung und Anpassung. Suttgart, Berlin, Köln, Mainz 1973, 195—217.
[22] Ähnlich offenbar in Frankreich, dazu *Pinatel,* J.: A Survey of Criminological Research in France. In: Collected Studies in Criminological Research 6 (1970), 149—181.
[23] *Leferenz,* H.: Die Kriminalprognose. In: Handbuch der forensischen Psychiatrie, hrsg. v. H. *Göppinger* u. H. *Witter* Bd. 2 Berlin u. a. 1972, 1347—1384.
[24] Vgl. z. B.: Das Internationale Kolloquium über Kriminologie und Strafrechtsreform, hrsg. v. H.-H. *Jescheck* und Th. *Würtenberger,* Freiburg 1958.
[25] *Würtenberger,* Th.: Kriminologie — die Wissenschaft vom Verbrechen. Universitas 1956, 951 ff.; *ders.:* Die geistige Situation der deutschen Strafrechtswissenschaft. 2. Aufl. Karlsruhe 1959; *Bauer,* F.: Die Gesellschaft und das Verbrechen. München, Basel 1957; *Bockelmann,* P.: Plan zur Errichtung eines Max-Planck-Instituts für Strafrecht und Kriminologie. Manuskript. Heidelberg 1960.
[26] Dazu *Kaiser,* G.: Probleme interdisziplinärer empirischer Team-Forschung in der Kriminologie. MschrKrim 50 (1967), 352—366; *ders.:* Probleme, Aufgaben und Strategie kriminologischer Forschung heute. ZStW 83 (1971), 895 ff.; *ders.:* a. a. O. (Anm. 2), 25; *Göppinger,* H.: Probleme interdisziplinärer Forschung in der Kriminologie. In: Tübinger Festschrift für Eduard *Kern.* Tübingen 1968, 201—232; *ders.:* A. a. O. (Anm. 11) 1973, 52.

12

kriminologischer Forschungsstätten folgt im Laufe des siebten Jahrzehnts, so in Frankfurt, Gießen, Kiel, München und Tübingen.

Ferner richtet die *Deutsche Forschungsgemeinschaft* in ihrem Förderungsprogramm den *Schwerpunkt „Empirische Kriminologie"* im Jahre 1968 ein[27]. Mit ihm kommt es Ende der 60er Jahre zu einem neuen, breitwirkenden Forschungsimpuls, der noch andauert. Befindet sich die Kriminologie, wie *Sack* kritisch vermerkt, auch „fest in dem Griff von Medizinern und Juristen"[28], so forschen doch von allen Teilnehmern am DFG-Schwerpunkt der Zahl nach weit mehr Psychologen und Soziologen als Mediziner und Juristen[29].

Erst gegen Ende des siebten Jahrzehnts ist mit der Schaffung mehrerer Forschungsstätten und -gruppen[30] sowie durch die projektbezogene Zusammenarbeit ganz verschiedener Berufe so etwas möglich geworden, das man als *organisierte kriminologische Forschung* ansprechen kann. Denn dazu gehört nicht nur die Aussicht auf Stabilität und Kontinuität einer Forschungseinrichtung, die herkömmlich im wesentlichen nur durch den Lehrstuhlinhaber gewährleistet wird. Erforderlich sind vielmehr die Existenz selbständiger Forschungsstäbe und ein gewisser Forschungspluralismus. Mit diesem meine ich vor allem die Institutionalisierung der Kritik, nicht aber eine Verzettelung der ohnehin beschränkten Kräfte.

---

[27] Bericht der *Deutschen Forschungsgemeinschaft* über ihre Tätigkeit vom 1. 1. — 31. 12. 1968. Bad Godesberg 1968, 67 f., 82 f.; *dies.:* Programme und Projekte. Jahresbericht. Bd. II. Bonn-Bad Godesberg 1973, 281.
[28] *Sack*, F.: Die Idee der Subkultur: Eine Berührung zwischen Anthropologie und Soziologie. KZfSS 23 (1971), 272; *ders.:* Banden, Gangs. In: *Kaiser*, G., F. *Sack*, H. *Schellhoss* (Hrsg.): Kleines Kriminologisches Wörterbuch. Freiburg 1974, 39.
[29] Anhaltspunkte hierfür lassen sich aus der Aufstellung der Antragsteller beim DFG-Schwerpunkt „Empirische Kriminologie einschl. Kriminalsoziologie" gewinnen, vgl. Jahresberichte der Deutschen Forschungsgemeinschaft, a. a. O. (Anm. 27) 1973; ferner *Feest*, J.: Schwerpunkt mit Schlagseite. KrimJ 6 (1974), 81—86; dazu *Blankenburg*, E., J. *Kürzinger*, E. *Stephan*, B. *Villmow:* Schlagseite wohin? KrimJ 6 (1974), 86—88.
[30] Z. B. in Bielefeld, Gießen, Freiburg, Hamburg, Heidelberg, Köln, Saarbrücken und Tübingen; vgl. *Würtenberger*, Th.: Bericht über den Stand der kriminologischen Forschung in Deutschland in den Jahren 1962—1963. MschrKrim 48 (1965), 36—40; *ders.:* Bericht über die Entwicklung der Kriminalität und Verbrechensbekämpfung sowie über den Stand der kriminologischen Forschung in den Jahren 1964—65. MschrKrim 49 (1966), 273—281; *ders.:* Die Lage der kriminologischen Forschung in der BRD. MschrKrim 54 (1971), 225—235.

Daß die Entwicklung in Deutschland trotz *Lisztschem* Weitblick und breitgreifender Reformpostulate jahrzehntelang so schleppend verlief, dürfte nicht zuletzt auf die Konflikte und rivalisierenden Rollenansprüche zwischen den Erfahrungswissenschaften und dem Strafrecht zurückgehen[31]. Selbst der alte Streit um die Wertfreiheit in der Soziologie war vor allem ein Rollenstreit, wie Dahrendorf gezeigt hat[32]. Es handelte sich um ein Ringen zwischen den Zielen der Sozialforschung und der Sozialpolitik. In den Kriminalwissenschaften äußerte sich dieser *Konflikt* in dem zeitweiligen Einpendeln der Beziehungen *zwischen Kriminologie und Strafrecht* in einen Zustand vollkommener Unverbundenheit, ablesbar etwa an den Entwicklungen in Strafrechtsreform und Wissenschaftspolitik[33].

Verbergen sich hinter den Organisationsfragen oft handfeste Sachfragen, so mußte sich das Verhältnis zwischen Kriminologie und Strafrecht von Anbeginn gespannt entwickeln. Denn den Strafrechtlern wurde angesonnen, etwas von ihrem überkommenen Besitzstand an eine Richtung abzutreten, die mit dem Anspruch auftrat, das Strafrecht alsbald ganz „hinwegzuspülen"[34]. Von hier aus erklären sich manche Verteidigungsmechanismen

---

[31] So sinngemäß die Diagnose von *Radzinowicz*, L.: A. a. O. (Anm. 1).

[32] *Dahrendorf*, R.: Sozialwissenschaft und Werturteil. In: Gesellschaft und Freiheit. Zur soziologischen Analyse der Gegenwart. München 1971, 27—28.

[33] Dazu *Kaiser*, G.: Die Beziehungen zwischen Kriminologie und Strafrecht. GA 1957, 289—315; *ders.:* Kriminologie, 1. Aufl. Karlsruhe 1971, 37 ff.; *Krauß*, D.: Kriminologie und Strafrecht. In: *Grimm*, D. (Hrsg.): Rechtswissenschaft und Nachbarwissenschaften. Bd. 1. Frankfurt/M. 1973, 233—266; *Schewe*, G.: Strafrecht und Kriminologie. In: *Grimm*, D.: o. a. 1973, 267—287.

[34] *V. Liszt*, F.: Über den Einfluß der soziologischen und anthropologischen Forschungen auf die Grundbegriffe des Strafrechts (1893). In: A. a. O. (Anm. 13), 81; *Radbruch*, G.: Rechtsphilosophie. Stuttgart 1950, 97; siehe neuerdings *Wilkins*, L. T.: Crime and Criminal Justice at the Turn of the Century. In: The Future Society: Aspects of America in the Year 2000. The Annals of the American Academy of Political and Social Science 40 (1973), 13—29; *Plack*, A.: Plädoyer für die Abschaffung des Strafrechts. München 1974; kritisch *Lange*, R.: Wandlungen in den kriminologischen Grundlagen der Strafrechtsreform. In: Hundert Jahre deutsches Rechtsleben. Festschrift zum 100jährigen Bestehen des Deutschen Juristentages 1860—1960. Bd. 1. Karlsruhe 1960, 345 ff; *Kaiser*, G.: Die Fortentwicklung der Methoden und Mittel des Strafrechts. ZStW 86 (1974), 349—375, (insbesondere 356 ff.); *Kürzinger*, J.: Die Kritik des Strafrechts aus der Sicht moderner kriminologischer Richtungen. ZStW 86 (1974), 211—234; vgl. ferner *Sessar*, K.: Moderne Tendenzen in der deutschen Kriminologie. ÖJZ 30 (1975), 59—65.

14

des Strafrechts. Hinzu kommt, daß Institutionalisierung und wissenschaftliche Durchdringung des Strafrechts in Kontinentaleuropa von vornherein zu einem Übergewicht führte, das im angloamerikanischen Bereich weithin unbekannt ist.

Daß „*der Durchbruch zur Wirklichkeit*"[35] auch wünschenswert, wenn nicht gar notwendig ist, wurde in den letzten zwei Jahrzehnten zunehmend deutlicher. Damit wurde der Weg zurückgewiesen zur alten, vorübergehend inhaltsleer gewordenen Formel von der „gesamten Strafrechtswissenschaft". Dieses Konzept gilt es mancherlei Einwendungen zum Trotz mit neuem Inhalt zu erfüllen. Ein derartiges Bemühen ist fraglos mehr als nur Ausdruck vordergründigen Harmonisierungsbedürfnisses oder sozialromantischer „Sehnsucht nach Synthese". Denn die juristische Notwendigkeit zu umfassender „Reduktion von Wirklichkeit" erzwingt eine solche theoretische und wissenschaftspolitische Position. Die Analyse tatsächlicher Verhältnisse kann deutlich machen, inwieweit das, was unter dem Zeichen der Gerechtigkeit angestrebt und in die Wege geleitet wurde oder wird, auch wirklich diese Funktion Gerechtigkeit zu realisieren, erfüllt; und zwar unabhängig davon, wie dieses „Sollen" zuvor definiert worden ist. Empirische Forschung übernimmt in diesem Zusammenhang die Aufgabe einer Erfolgskontrolle.

In der Gegenwart beobachten wir denn auch erneut einen starken *Trend zur „gesamten Strafrechtswissenschaft*"[36]. Schon die Titel mehrerer Festschriften mögen dafür einen Hinweis liefern[37]. Bekanntlich zählt es zu den Aufgaben und den Zielen der Kriminologie, dem Strafrecht und der Kriminalpolitik Befunde zur Verfügung zu stellen, d. h. also jene Bereiche empirischer zu machen und bessere Problemlösungen zu ermöglichen[38].

---

[35] Vgl. *Schaffstein*, F.: A. a. O. (Anm. 9), 215 ff.
[36] Zur Notwendigkeit dieser Entwicklung vgl. *Jescheck*, H.-H.: Lehrbuch des Strafrechts. Allgemeiner Teil. 2. Aufl. Berlin 1972, 26.
[37] Z. B.: Beiträge zur gesamten Strafrechtswissenschaft. Festschrift für Hellmuth *Mayer* zum 70. Geburtstag, hrsg. v. Friedrich *Geerds* und Wolfgang *Naucke*, Berlin 1966; Einheit und Vielfalt des Strafrechts. Festschrift für Karl *Peters* zum 70. Geburtstag, hrsg. v. Jürgen *Baumann* und Klaus *Tiedemann*. Tübingen 1974; *Roxin*, C. u. a.: A. a. O. (Anm. 35); ferner *Calliess*, R.-P.: Theorie der Strafe im demokratischen und sozialen Rechtsstaat. Ein Beitrag zur strafrechtsdogmatischen Grundlagendiskussion. Frankfurt/M. 1974; *Hassemer*, W.: Strafrechtsdogmatik und Kriminalpolitik. Hamburg 1974.
[38] Zum Vorwurf der Legitimationsfunktion *Peters*, D. u. H.: Theorielosigkeit und politische Botmäßigkeit. Destruktives und Konstruktives zur

So gesehen versteht sich Kriminologie als die Wirklichkeitswissenschaft des gesamten Strafrechts, einschließlich des Strafverfahrens und des Strafvollzuges. Doch „nur engste, auch organisatorisch gesicherte Zusammenarbeit läßt erhoffen, daß das Strafrecht den Gegenwartsproblemen einer sich rasch wandelnden Gesellschaftsordnung angepaßt bleiben kann"[39]. Da sich Kriminologie auf Strafrecht und Strafrechtswissenschaft bezieht, aber zugleich auf die empirischen Grundwissenschaften angewiesen bleibt, bedeutet die Mittelposition der Kriminologie zugleich eine Mittlerstellung.

Auch wenn damit die geschichtliche Bewegung kriminologischer Forschung nicht zu Ende gezeichnet, insbesondere die Analyse der gegenwärtigen Situation noch weithin ausgeklammert ist, so erscheint es schon jetzt als sinnvoll, den vertikalen mit dem horizontalen Vergleich zu verbinden. Dies bedeutet, sich über Stand und Aussichten kriminologischen Forschens auch durch Blicke in die DDR und in das westliche Ausland zu vergewissern.

2.2. Vergleich mit der Entwicklung in der DDR und im westlichen Ausland

Nachdem die Kriminologie als selbständige Wissenschaft im sozialistischen Bereich und damit in der DDR anerkannt ist und nicht mehr so wie ehemals in Frage gestellt wird, zeichnen sich dort die *Probleme und Schwerpunkte* der Forschung deutlicher ab. Dem kommt entgegen, daß die Abgrenzung zur sogenannten bürgerlichen Kriminologie — wie vage und politisch motiviert sie auch erscheinen mag — jetzt eine relativ unbefangene und

---

deutschen Kriminologie. KrimJ 4 (1972), 241—257; *dies.:* Legitimationswissenschaft. Zur sozialwissenschaftlichen Kritik an der Kriminologie und an einem Versuch, kriminologische Theorien zu überwinden. In: *Arbeitskreis Junger Kriminologen* (Hrsg.): Kritische Kriminologie. München 1974, 113—131; *Sack,* F.: Kriminalität als gesellschaftliche Legitimierungsproblematik. Kriminologie als Legitimationswissenschaft. In: Institut für Gesellschaftspolitik in Wien und Ludwig-Boltzmann-Institut für Kriminalsoziologie (Hrsg.): Recht und Politik. Wien 1975, 18—32; kritisch *Kaufmann,* H.: Kriminologie zum Zwecke der Gesellschaftskritik? JZ 1972, 78—81 und *Kaiser,* G.: A. a. O. (Anm. 2), 10 f.
[39] *Jescheck,* H.-H.: A. a. O. (Anm. 36).

16

offene Betrachtung erlaubt. Auch verschaffen Werkstattberichte
nunmehr Einblicke in die dortigen Überlegungen. Außerdem ist
bedeutsam, daß die empirische Forschung auch systemstabilisie-
rend eingesetzt werden kann. Zwar bestimmen das Konzept der
sozialistischen Kriminologie, die kriminalpolitische Zielsetzung
und die weithin bestehende Zuständigkeit der Juristen nach
wie vor die Forschungspolitik und die Auswahl der Forschungsprobleme. Dennoch hat sich die Forschungssituation in den letzten Jahren bemerkenswert gewandelt. Mitunter gekünstelt an-
mutende Versuche nach der Herausbildung einer eigenen Fach-
sprache und der Ablehnung westlicher Termini (z. B. Urbani-
sierung und Sozialisation) lassen erkennen, daß substantiell das
gleiche gemeint ist. Denn sieht man einmal von der Beurteilung der Kriminalitätsbewegung im Westen und im Osten ab, so
hat sich die Sichtweise und Interpretation des deliktischen Ein-
zelgeschehens international bemerkenswert angeglichen[40]. Nur
die neomarxistischen Ansätze der „Radikalen" oder „Kritischen
Kriminologie" in den westlichen Ländern[41] gelangen hier zu
einer anderen Beurteilung und stehen damit weithin allein.

Vor allem in der Analyse der Beziehungsstörungen[42] zeigt
sich die Ähnlichkeit der Konzepte und Befunde[43]. Von der
postulierten Praxisnähe und der kriminalpolitischen Zielsetzung
aus gesehen liegt es nahe, sich in der Forschung besonders den

[40] Vgl. *Eisenberg, U.*: Einführung in die Probleme der Kriminologie.
München 1972, 166.
[41] *Arbeitskreis Junger Kriminologen* (Hrsg.): A. a. O. (Anm. 38); *Platt*,
T.: Prospects for a Radical Criminology in the United States. Crime and
Social Justice 1 (1974), 2—10; *Sykes*, G.: Critical Criminology. JCrim 65
(1974), 206—213; *Taylor*, J., P. *Walton*, J. *Young* (Ed.): Critical Criminology. London 1975.
[42] Mirza, Baranowska u. a.: Jugendkriminalität in Warschau (poln.)
Warschau 1971; *Dettenborn*, H., H.-H. *Fröhlich*: Psychologische Probleme
der Täterpersönlichkeit. Berlin 1971; *Feix*, G. *Paersch*: Überwindung ge-
störter Beziehungen zur Arbeit, in der Familie, Schule und Freizeit. Staat
und Recht 21 (1972), 229—242.
[43] Dazu schon *Gutjahr*, W.: Elterliches Versagen und Jugendkriminalität.
In: Jugendkriminalität und ihre Bekämpfung in der sozialistischen Gesellschaft. Hrsg. vom Institut für Strafrecht der Humboldt-Universität Berlin.
(Ost-)Berlin 1965, 191—199; neuerdings *Heinroth*. H.: Sozialpsychiatrische
Aspekte der forensischen Begutachtung von straffälligen Jugendlichen und
Heranwachsenden. Psychiatrie, Neurologie und med. Psychologie 22 (1970),
92—97; *Szewczyk*, H.: Untersuchungen zur kriminellen Entwicklung Jugendlicher. In: *Szewczyk*, H. (Hrsg.): Kriminalität und Persönlichkeit. Psychia-
trisch-psychologische strafrechtliche Aspekte. Jena 1972.

Fragen zuzuwenden, die als bedrängend empfunden werden[44]. Dazu gehören namentlich die Jugendkriminalität, einschließlich Rowdytum und Alkoholdelikte[45], die Wirtschafts- und Funktionärskriminalität[46], die Gewalt- und Sexualkriminalität[47] und zunehmend auch die Verkehrsdelinquenz. Weitere Forschungsschwerpunkte werden in der Rückfall- und Eigentumskriminalität gesehen[48].

Nachdem man die sogenannten Rudiment- und Kontaminationstheorien nicht mehr allein als erklärungskräftig ansieht, sondern Kriminalität auch aus den Widersprüchen der sich entwickelnden sozialistischen Gesellschaft selbst herleitet[49], treten neben täterorientierten auch soziologische Fragestellungen in der Kriminologie auf. Außerdem ist die Einschätzung der Kriminalitätsentwicklung nüchterner geworden. Man räumt ein, den Trend des Absinkens der Kriminalitätsrate überbewertet zu

---

[44] Vgl. besonders *Buchholz*, J.: Beratung über Ursachen der Kriminalität und ihre Bekämpfung. Staat und Recht 23 (1974), 853—856; *Hennig*, W.: Zu einigen Grundfragen jugendkriminologischer Forschung in der DDR. Staat und Recht 23 (1974), 290—305; *Kräupl*, G.: Notwendigkeit und Wert einer Erforschung der Kriminalitätsstruktur. Staat und Recht 23 (1974), 981—997; ferner die Überblicke von *Solomon*, P.: Soviet Criminology. Compiled by P. *Solomon*. Cambridge 1969, und *Connor*, W. D.: Deviance in Soviet Society. Crime, Delinquency and Alcoholism. New York, London 1972; *UNSDRI:* Recent Contributions to Soviet Criminology. Papers collected by the All-Union Institute. Rome 1974.

[45] Siehe dazu *Hartmann*, R.: Aufgaben der Jugendkriminologie in der DDR. Staat und Recht 15 (1966), 975—988; *Dzialdow*, R.: Jugendkriminalität in Polen. Berlin 1971; *Hartmann*, R.: Beiträge der DDR-Delegation auf dem III. Internationalen Symposium der sozialistischen Länder über die Jugendkriminalität in Prag vom 14.—17. 2. 1971. Potsdam-Babelsberg 1972; *Plath*, D., L. *Reuter*: Bekämpfung rowdyhafter Verhaltensweisen. NJ 26 (1972), 284—289; *Minkowski*, G. M.: Maßnahmen zur Vorbeugung der Jugendkriminalität. NJ 26 (1972), 168—173; *Kräupl*, G.: A. a. O. (Anm. 44), 988.

[46] *Böhme*, K. M., K. *Mollenhauer*, G. *Tenner*, E. *Wittkopf*: Zur Entwicklung der Wirtschaftskriminalität in der Deutschen Demokratischen Republik (Teil II). Kriminalistik und forensische Wissenschaften 8 (1972), 25—33.

[47] *Friebel*, W. u. a.: Gewalt und Sexualkriminalität. Erscheinungsformen, Ursachen, Bekämpfung. (Ost-)Berlin 1970; *Henckendorf*, H. J.: Zur Feststellung der bestimmenden Faktoren und Umstände von Gewaltkriminalität. NJ 26 (1972), 679 f.; *Scharfenberg*, J., S. *Schirmer*: Zur Frage der psychischen Traumatisierung durch exhibitionistische Akte. Erste Ergebnisse einer Untersuchung. In: *Szewczyk*, H. (Hrsg.): Kriminalität und Persönlichkeit. Jena 1972, 91—96.

[48] So *Kräupl*, G.: A. a. O. (Anm. 44), 988.

[49] *Hennig*, W.: A. a. O. (Anm. 44), 295; *Buchholz*, J.: A. a. O. (Anm. 44), 855.

18

haben[50]. Man hält nunmehr sogar kurzfristiges Ansteigen der Kriminalitätsziffern für möglich. Allerdings wird in der auf lange Zeit bezogenen Kollektivprognose die Gesamttendenz der Kriminalitätsentwicklung als notwendig, da gesetzmäßig fallend beurteilt. Immerhin kann man in der Tatsache, daß seit 1968 in der DDR keine spezielle Publikation mehr zur Kriminalprognose erschienen ist[51], schließen, daß eine gewisse Unsicherheit in der prognostischen Einschätzung an die Stelle optimistischer Vorstellungen zur Eindämmung von Kriminalität getreten ist.

Freilich ist an der insgesamt geringeren Kriminalitätsbelastung in der sozialistischen Gesellschaft nicht zu zweifeln[52]. Dieser Tatbestand beruht auf der Ausdehnung rechtlicher Verantwortlichkeit über das Strafrecht hinaus[53], auf der Mobilisierung des gesamten verfügbaren Instrumentariums sozialer Kontrolle bis weit in den außerstrafrechtlichen Bereich hinein[54]. Liefert aber der Systemvergleich Anhaltspunkte für eine geringere Kriminalitätshäufung im Bereich der sozialistischen Gesellschaft, so müssen die vorhandenen Erscheinungen des Verbrechens als besonders anstößig und dem Sozialismus „wesensfremd" gelten. Dies um so mehr, als es sich quantitativ vor allem um die Kriminalität von jungen Menschen handelt. Diese jedoch haben von vornherein ihre Sozialisation und ihre Wertorientierung in der sozialistischen Gesellschaft erfahren. Offenbar treffen wir hier wie auch bei der Wirtschafts-, Gewalt- und Sexualkriminalität

[50] *Streit, J.*: Zu einigen theoretischen und praktischen Fragen des Kampfes gegen die Kriminalität. NJ 27 (1973), 129—134, (134).
[51] So *Kräupl, G.*: A. a. O. (Anm. 44), 997.
[52] Vgl. *Connor, W. D.*: A. a. O. (Anm. 44); *Hellmer, J.*: Zur Kriminalität in beiden Teilen Deutschlands. In: *Schroeder*, F. C. u. a.: Festschrift für R. Maurach. Karlsruhe 1973, 641—658; *Bundesminister für innerdeutsche Beziehungen* (Hrsg.): Bericht der Bundesregierung und Materialien zur Lage der Nation 1972. Bonn 1972, 194 ff.
[53] Dazu *Kiraly, T.*: Sommaire de „L'évolution des méthodes et des moyens du droit pénal" basé sur les rapports nationaux concernant la première question. Colloque préparatoire du XIe Congrès de l'Association Internationale de Droit Pénal. Varna 1973, 7.
[54] Zur Bekämpfung von Ordnungswidrigkeiten siehe *Surkan, W.*: Kriminalitätsverhütung und Bekämpfung von Ordnungswidrigkeiten. NJ 26 (1972), 441—444; *Eser, A.*: Gesellschaftsgerichte in der Strafrechtspflege. Tübingen 1970; *Metzger-Pregizer, G.*: Gesellschaftsgerichte. In: *Kaiser, G.*, F. *Sack*, H. *Schellhoss* (Hrsg.): Kleines Kriminologisches Wörterbuch. Freiburg 1974, 112—116.

auf systemneutrale oder systemindifferente Faktoren, die überall zum Kriminalitätsbild zählen.

Andererseits erscheint es nicht verwunderlich, wenn sich die sozialistische Kriminologie der Verbrechenskontrolle in besonderem Grade zuwendet. Bei diesem Problembereich geht es nicht nur um die Fragen der Verfahrensgestaltung und der Strafzumessung, sondern auch um die Rolle des Rechts im Gesamtsystem der Verbrechenskontrolle. Ähnlich wie im Bundesgebiet werden auch hier im Bereich der Sanktionsforschung vor allem die Probleme der Effizienz erörtert. Beispiele liefern die Zurückdrängung der Freiheitsstrafe zugunsten ambulanter Sanktionen und die kurzfristige Freiheitsstrafe[55]. Kritik an den Instanzen strafrechtlicher Sozialkontrolle wird nur insoweit geübt, als deren Maßnahmen hinter den in sie gesetzten Erwartungen zurückbleiben. Auch wird die Vorverlegung der Sozialkontrolle aus dem strafrechtlichen Bereich verstärkt gefordert. Dies meint nichts anderes als die Stärkung der Gesellschaftsgerichte und der Verantwortung der Betriebe sowie die Stärkung der sogenannten Arbeiter- und Bauerninspektionen, hingegen Schwächung der Staatsanwaltschaft und ihrer Funktionen[56].

Angesichts der wissenschaftlichen und praktischen Anstrengungen auf dem Gebiet der Verbrechenskontrolle leuchtet es ein, wenn die Rückfallhäufigkeit überwiegend niedriger angegeben wird als im Westen. Allerdings muß man dabei auch

---

[55] Vgl. *Weber*, H.: Besprechung von: Autorenkollektiv unter Leitung v. J. M. *Galperin*: Strafen ohne Freiheitsentzug. Moskau 1972. Staat und Recht 23 (1974), 1378—1384 (1379).

[56] Vgl. *Lewerenz*, W., L. *Reuter:* Volkskontrolle zum Jugendgesetz. NJ 26 (1972), 121—124; infolge dieser Entwicklung gibt es heute in der DDR auch nur noch etwa 500 Rechtsanwälte, zumeist in Anwaltskollektiven (etwa 1 Anwalt auf 34.000 Einwohner; zum Vergleich: BRD: mehr als 25.800 zugelassene Anwälte = 1:2400), vgl. *Nöldechen:* Westfälische Rundschau vom 6. 12. 1974; in dieselbe Richtung zielt eine weitgehende Privatisierung der Behandlung von Ladendiebstählen in der DDR. Nach der „Ersten Durchführungsverordnung zum Einführungsgesetz des Strafgesetzbuches" können Diebstähle von Kunden im „sozialistischen Einzelhandel" von den leitenden Mitarbeitern der Verkaufseinrichtungen mit Geldbußen von 5— 150 M und Personalienfeststellung geahndet werden, wenn die Tat geringfügig ist und der angerichtete Schaden den Betrag von 50 M nicht wesentlich übersteigt, vgl. *Gerberding*, R., *Materna*, G.: Neue rechtliche Möglichkeiten zur wirksamen Bekämpfung von Verfehlungen. NJ 28 (1975), 191—193. Die Rückfallquote der von den mehr als 25.000 gesellschaftlichen Gerichten der DDR sanktionierten Straftäter wird mit unter 10 %/0 angegeben, vgl. *Hantsche*, W., zitiert nach *Nöldechen*, Westfälische Rundschau v. 21. 12. 1974.

20

die hohe Gefangenenrate berücksichtigen. Diese war im Oktober 1972 drei- bis viermal so hoch wie im Gebiet der Bundesrepublik[57]. Diesen Befund darf man deshalb nicht übersehen. Hingegen haben die sogenannten Materialien zum Bericht zur Lage der Nation 1972 die relativ geringere Rückfalldelinquenz in der DDR ausschließlich als Erfolg der Resozialisierungsbestrebungen verbucht[58].

Ferner zeichnet sich in den letzten Jahren die bemerkenswerte Tendenz ab, praktische Nutzanwendung aus der sozialisationstheoretischen Annahme zu ziehen, daß soziales Verhalten erlernt wird.

Zu diesem Zweck wird die Vermittlung von Rechtsnormkenntnissen als Rechtserziehung, ja als Rechtspropaganda[59] eingesetzt. Diese Tendenz ist um so beachtlicher, als sie im Westen einem Trend, der teilweise mehr auf Normverunsicherung zielt, gegenübersteht. Aus der Einsicht in die Bedeutung der Normkenntnis für die Schuldfähigkeit ergeben sich nicht nur forensisch-psychologische und gerichtspsychiatrische Probleme, sondern auch weitere Überlegungen. Diese haben zu starken Bestrebungen Anlaß gegeben, namentlich die Psychologie als Rechtspflegepsychologie[60] dienstbar zu machen und an die Praxis zu binden. Offenbar wird gerade der Psychologie eine wichtige Rolle bei der Klärung des Rechtsbewußtseins und bei der Aufgabe der Rechtspropaganda eingeräumt. Dies bedeutet freilich nicht, daß die Psychologie an die Stelle der Psychiatrie getreten wäre. Vielmehr haben wir in diesem Vorgang nur eine Ergänzung und Arbeitsteilung zu erblicken. Denn gerade die vertiefte Erörterung von medizinisch-juristischen Grenzfragen sowie die Durchführung von sozialpsychiatrischen Untersuchungen[61] weisen auf eine wachsende, wenn auch gegliederte Forschungsvielfalt.

Im übrigen steht die sozialistische Kriminologie vor denselben Problemen der Forschungslogik und Verfahrenstechniken wie

---

[57] Vgl. *Kaiser, G., H. Schöch, H.-H. Eidt, H. J. Kerner:* Strafvollzug. Eine Einführung in die Grundlagen. Karlsruhe 1974, 19.
[58] Vgl. *Bundesministerium für innerdeutsche Beziehungen:* A. a. O. (Anm. 52), 270.
[59] *Reuter, L.:* Erfahrungen und Probleme der Rechtspropaganda in der UdSSR. Staat und Recht 20 (1971), 1746—1760.
[60] *Dettenborn, H., H. H. Fröhlich:* A. a. O. (Anm. 42).
[61] Vgl. *Heinroth, H.:* A. a. O. (Anm. 43); *Schwarz, H.:* Kriminalität der Frau. Alterskriminalität. Jena 1971; *Szewczyk, H.:* A. a. O. (Anm. 43).

im Westen. Fragen der Abgrenzung zwischen Grundlagen- und Bedarfsforschung werden ebenso erörtert wie die internationale Vergleichbarkeit von Forschungsergebnissen sowie die Verwertbarkeit von Prognosetafeln[62]. Selbst die Analyse der Täterpersönlichkeit zeigt übereinstimmende oder doch ähnliche Aspekte[63], wie sie auch hierzulande diskutiert werden. Im ganzen gesehen wird man aufgrund der koordinierten Forschungspolitik in der sozialistischen Gesellschaft zunehmend aussagekräftige Befunde erwarten dürfen.

Die *Lage* in dem übrigen deutschsprachigen Bereich, also *in Österreich und der Schweiz,* unterscheidet sich nicht unerheblich von den geschilderten Situationen in der Bundesrepublik und der DDR[64]. Die Wege zur Institutionalisierung scheinen in Österreich und in der Schweiz noch langwieriger und beschwerlicher zu sein[65]. Die Kosteninflation moderner Forschung, nicht zuletzt bedingt durch die Personalintensität, hat die ehemals wegweisenden Impulse der österreichischen Schule in Graz und Wien inzwischen verebben lassen[66]. Teilweise werden kriminologische Fragen im psychiatrischen[67], psychologischen und soziologischen Zusammenhang mitbehandelt. Erst das im Jahr 1973 gegründete Ludwig-Boltzmann-Institut in Wien[68] sucht den Rückstand aufzuholen und den Anschluß an die internationale Entwicklung zu gewinnen. Empirische Erhebungen

---

[62] *Gürtler,* R., G. *Paersch,* H. *Weber:* III. Internationales Symposium der sozialistischen Länder über die Jugendkriminalität. Staat und Recht 21 (1972), 631—640.

[63] Vgl. *Dettenborn* H., H. H. *Fröhlich:* A. a. O. (Anm. 42); *Henckendorf,* H.-J.: A. a. O. (Anm. 47).

[64] *Kaiser,* G.: A. a. O. (Anm. 2) 1973, 26 f.; *ders.:* Aufgaben und Rolle der Kriminologie — unter besonderer Berücksichtigung des deutschsprachigen Bereichs im Vergleich mit den angloamerikanischen Ländern. In: Neue Perspektiven der Kriminologie. Basel 1975 (im Erscheinen).

[65] *UNSDRI* (Ed.): A World Directory of Criminological Institutes. Prepared by Badr *Kasme.* Publication No. 7. Rome 1974, 9 ff., 92 ff.

[66] Dazu *Graßberger,* R.: Österreich und die Entwicklung der Kriminologie zur selbständigen Wissenschaft. Wissenschaft und Weltbild 18 (1965), 277—289.

[67] Dazu *Sluga,* W.: Über den Suchtstoffmißbrauch in Österreich unter Berücksichtigung von Therapie und Prävention. In: *Ehrhardt,* E. (Hrsg.): Perspektiven der heutigen Psychiatrie. Frankfurt/M. 1972; *ders.:* Das neue Strafgesetzbuch und die Aufgaben einer neuen forensischen Psychiatrie. ÖJZ 29 (1974), 203—208.

[68] *Leirer,* H. u. a.: Projektentwurf eines Instituts für Kriminalsoziologie (Ludwig-Boltzmann-Institut für Kriminalsoziologie). Wien 1972.

22

über richterliche Kriterien bei der bedingten Entlassung[69] sowie über die Staatsanwaltschaft[70] sind in Angriff genommen oder bereits abgeschlossen. Auch wenn noch offen ist, ob und inwieweit sich das forschungspolitische Programm dieser Einrichtung verwirklichen läßt, so handelt es sich doch hier um einen ermutigenden und erfolgversprechenden Anfang einer neuen Forschungsphase.

„Nachrichten über den Zustand der Verbrechen in der Schweiz zu erhalten" ist offenbar schon immer schwierig gewesen, wenn wir der gleichlautenden Feststellung *Mittermaiers* in den Annalen der deutschen und ausländischen Criminal-Rechts-Pflege folgen dürfen[71]. Heute gehen in der *Schweiz* Forschungsimpulse von den Universitäten aus. Hier handelt es sich im wesentlichen um *Bader, Noll* und *Rehberg* in Zürich, *Bernheim* und *Graven* in Genf, *Naegeli* in St. Gallen, *Schultz* in Bern und *Stratenwerth* in Basel[72]. Doch scheinen bislang diese Ansätze trotz aller Initiative und wegweisenden Beiträge im einzelnen noch nicht eine derartige Durchschlagskraft erlangt zu haben, daß sie zu einer festen Gründung kriminologischer Forschungsstätten in naher Zukunft führen würden. Es fehlt schon an der erforderlichen Institutionalisierung der Kriminologie an den schweizer Universitäten. So wird die kriminologische Forschung außerhalb des Kriminalistischen Polizeiinstitutes in Zürich sowie der gerichtsmedizinischen, psychiatrischen, sozialwissenschaftlichen und jugendkundlichen Bereiche weitgehend von Doktoranden in der Form von Dissertationen getragen[73]. Diese weitstreuenden Untersuchungen vermitteln allerdings ein reicheres Bild kriminologischen Forschens, als man dies auf den ersten Blick vermutet[74].

---

[69] *Pilgram*, A. u. a.: Richterliche Kriterien und Erfolg der bedingten Entlassung von Strafgefangenen — Ludwig-Boltzmann-Institut für Kriminalsoziologie. Wien 1974.

[70] *Steinert*, H.: Untersuchungen bei der Staatsanwaltschaft in Österreich. Vortrag am Max-Planck-Institut für ausländisches und internationales Strafrecht. Freiburg 1974.

[71] *Mittermaier*, C. J. A.: Der französische Compte général de l'administration de la justice criminelle pendant l'année 1827. In: A. a. O. (Anm. 13). Bd. 3 (1829), 156; ähnlich *Julius*, N. H.: Vorlesungen über die Gefängniskunde. Berlin 1928, XLVII.

[72] Vgl. neuerdings die Tagungsbeiträge der Arbeitsgruppe Kriminologie beim Seminar des Gottlieb-Duttweiler-Institutes für wirtschaftliches und soziales Studium. Rüschlikon-Zürich über „Neue Perspektiven in der Kriminologie" im gleichnamigen Sammelband. Basel 1975.

[73] Vgl *UNSDRI*: A. a. O. (Anm. 65), 94.

[74] Dazu im übrigen *Kaiser*, G.: A. a. O. (Anm. 64), 1975.

Im romanischen Bereich stehen Untersuchungen zur Täter-persönlichkeit im Vordergrund des Interesses[75]. Es bahnt sich aber auch hier eine Entwicklung kriminalsoziologischer For-schung an[76]. Versuche zur Rezeption der neueren kriminolo-gischen Ansätze sowie des Labeling Approach oder der Kon-fliktstheorie haben in *Frankreich* inzwischen stattgefunden[77]. Es scheint, betrachtet man die Lehrbücher zur Kriminologie[78], dort noch keine derartigen Auseinandersetzungen zwischen den ein-zelnen Richtungen zu geben wie hierzulande oder im anglo-amerikanischen Bereich. Die kriminologische Forschung in Frankreich ist stark auf die unmittelbar praktische Verwert-barkeit ihrer Ergebnisse ausgerichtet, um die Straffälligen besser behandeln zu können[79].

Umfang und Inhalt kriminologischer Forschung in den *Nie-derlanden* werden verdeutlicht durch eine Befragung, die der Europarat 1970 an fünf niederländischen Universitäten durch-führte[80]. Den weitaus größten Raum nehmen danach Forschungs-vorhaben zur Sanktions- und Behandlungsforschung ein, gefolgt von Untersuchungen aus dem Bereich der Sozialkontrolle im

---

[75] *Canepa*, G.: The Fundamental Psychological Problems of Contempo-rary Criminological Research in European Countries. Ressegna di Criminolo-gia 2 (1971), 119—150; *Pinatel* J.: Trois aspects fondamentaux de l'approche de la personalité criminelle. Revue de science criminelle et de droit pénal comparé 27 (1972), 917—922.

[76] *Robert*, Ph.: Le service d'études pénales et criminologiques. La vie judiciaire 1309 (1971), 5—8; *Marx*, Y.: France — l'activité dans le domaine de la criminologie (1968—1972). Annales Internationales de Criminologie 12 (1973), 143—192; *Kellens*, G.: La France criminologique. Revue de droit pénal 54 (1974), 323—355.

[77] Vgl. *Robert*, Ph.: La sociologie entre une criminologie de passage à l'acte et une criminologie de la réaction sociale. L'année sociologique 24 (1973), 441—504 (469 ff.) sowie den Überblick „travaux et publications" des „services d'études pénales et criminologiques". Paris 1974.

[78] *Pinatel*, J.: Criminologie. 2ème ed. Paris 1970; *Léauté*, J.: Criminolo-gie et sciences pénitentiaires. Paris 1972; *Stefani*, G., G. *Levasseur*, R. *Jambre-Merlin*: Criminologie et science pénitentiaire. Paris 1972.

[79] Zum Stand der Forschung in Frankreich insgesamt *Pinatel*, J.: A Survey of Criminological Research in France. In: Collected Studies in Criminological Research 6 (1970), 149—181; *Kellens*, G.: A. a. O. (Anm. 76); *Robert*, Ph.: L'organisation et le développement actuels de la recherche cri-minologique en France. R. D. P. C. 1974; zum Kostenaufwand *Vérin*, F.: Le financement de la recherche criminologique en France. Revue de science criminelle et de droit pénal comparé 27 (1972), 669—676.

[80] *Nagel*, W. H.: The Situation of Criminological Research in the Nether-lands and Conclusions for Criminological Research in Europe. In: Council of Europe, ECCP: Current Trends in Criminological Research. Collected Studies in Criminological Research. Volume VI. Strasbourg 1970, 247—254.

24

weitesten Sinne. Daneben werden Probleme der Jugend-, Verkehrs- und Wirtschaftskriminalität behandelt. Man untersucht einzelne Deliktstypen ebenso wie Aspekte der Täterpersönlichkeit. Hinzu kommen umfangreiche Analysen, die von der Forschungskommission des niederländischen Justizministeriums in Fragen der Kinder- und Jugendpflege erarbeitet werden.

Für einige Jahre hat eine von den Direktoren der kriminologischen Institute gegründete Stelle („SICCO") bestanden. Sie hatte die Aufgabe, die kriminologische Forschung zu koordinieren und die nötigen Forschungsmittel zu beschaffen. In der praktischen Arbeit hat sich die Einrichtung jedoch nicht bewährt. Ihre Tätigkeit war in der Hauptsache darauf beschränkt, die Mitglieder über begonnene Forschungsvorhaben zu informieren. Eine echte Zusammenarbeit fand nur unter einigen wenigen Forschern mit ähnlichen Aufgaben statt. Deswegen wird heute die Forderung erhoben, „SICCO" durch eine organisatorische Zusammenfassung aller kriminologisch forschenden Institutionen zu ersetzen. Diese solle eingeführt werden in den Dutch Science Policy Council und zu einer Steigerung der niederländischen kriminologischen Forschung beitragen[81]. Im übrigen hofft man, langfristig die niederländische Forschungsorganisation in einen europäischen Verbund kriminologischer Forschung einbringen zu können.

Die kulturelle Anlehnung der *skandinavischen Staaten* an den anglo-amerikanischen Raum ist auch für die skandinavische Kriminologie nicht folgenlos geblieben[82]. In ihrer Entwicklung spielten englische und nordamerikanische Einflüsse von jeher eine große Rolle, allerdings nicht ausschließlich.

Denn wie in Mitteleuropa entwickelte sich die Kriminologie in Skandiavien weitgehend im universitären Bereich an den juristischen Fakultäten und in der Psychiatrie, so wie auch die kriminologische Lehre an den Universitäten überwiegend im Rahmen von Strafrechtsvorlesungen ihren Platz findet. Kriminologische Institute bestehen heute an den Universitäten Arhus, Kopenhagen, Oslo und Stockholm. Außerdem sind in Dänemark, Finnland und Schweden den Justizministerien eigene

[81] *Nagel*, W. H.: A. a. O. (Anm. 80), 250.
[82] Vgl. *Christie*, N.: Scandinavian Criminology facing the 1970s. In: Council of Europe, ECCP, a. a. O. (Anm. 80), 255—278.

Forschungseinheiten angegliedert[83]. Über den „Scandinavian Criminological Research Council" (der auch Forschungsgelder zur Verfügung stellt) und gemeinsame Forschungsseminare hat sich eine ausgedehnte Kooperation der Wissenschaftler untereinander entwickelt. Die skandinavische kriminologische Forschung, teils Grundlagen-, teils Auftragsforschung, ist seit langem besonders stark an soziologischen Fragestellungen orientiert[84]. Im Vordergrund des Interesses stehen dabei von jeher Großgruppenuntersuchungen zur registrierten Kriminalität und zu Umfang und Struktur des Dunkelfeldes. Ein abschließender Bericht über die Analysen wurde 1974 in Oslo vorgelegt[85]. Besonderes Augenmerk liegt neuerdings auf dem gesamten Bereich sozialer Kontrolle[86]. Man untersucht die tatsächliche Gestaltung und die Effektivität der Sanktionen in bezug auf den einzelnen Täter und die Gesellschaft, stellt Typen von Kontrollmechanismen auf und bemüht sich um entsprechende Theoriebildung. Daneben beschäftigt sich die Kriminologie in den Nordstaaten auch mit Aspekten der Tätertypologie und der Kriminalphänomenologie. Mehr als bei uns neigt man dort dazu, soziologische und psychologische Gesichtspunkte zu umfassenden Erklärungsansätzen zu verbinden[87].

Insgesamt betrachtet beschäftigt sich die kriminologische Forschung in Skandinavien mehr mit administrativen als mit individuellen Aspekten der Verbrechenswirklichkeit. Große Bedeutung mißt man der praktischen Verwertbarkeit der Forschungsergebnisse bei ebenso wie dem daran orientierten Bewußtsein der Forscher[88].

Wertvolle Impulse für die gesamte kriminologische Forschung in Europa gehen schließlich vom *Europarat* in Strasbourg aus. 1958 wurde hier das Comité Européen pour les Problèmes Criminels gegründet; 1962 folgte der Conseil Scientifique Criminologique[89].

---

[83] *Antilla*, I.: Current Scandinavian Criminology and Crime Control. Research Institute of Legal Policy, Helsinki 1974, 1 f.
[84] *Antilla*, I.: A. a. O. (Anm. 83), 2.
[85] *Antilla*, I.: A. a. O.(Anm. 83), 7.
[86] *Antilla*, I.: A. a. O. (Anm. 83), 2.
[87] *Antilla*, I.: A. a. O. (Anm. 83), 3.
[88] *Antilla*, I.: A. a. O. (Anm. 83), 8.
[89] Vgl. *Sveri*, K.: Die kriminologische Zusammenarbeit innerhalb des Tätigkeitsbereichs des Europarates. Revue internationale de droit pénal 42 (1971), 1/2, 49—56; *Antilla*, I.: A. a. O. (Anm. 83).

Seit etwa 1960 fördert die kriminologische Abteilung des Europarates die Zusammenarbeit und Integration der europäischen Forschung durch eine Fülle gezielter Einzelmaßnahmen. So werden jährlich Konferenzen für die Direktoren europäischer Forschungsinstitute veranstaltet. Es wurden Forschergruppen zur Bearbeitung bestimmter Sachfragen eingerichtet (z. B. für Gastarbeiter, organisiertes Verbrechen, Drogenmißbrauch, Verkehrsdelikte, Jugendarrest, kurze Freiheitsstrafe). Der Europarat gewährt außerdem Stipendien, unterstützt gemeinsame europäische Projekte und gibt ein Mitteilungsblatt über die laufende kriminologische Forschung in Europa heraus. Wenn in diesem Gremium auch bisweilen die Aufnahme empirischer Erkenntnisse durch nationale Empfindlichkeiten der vertretenen Einzelstaaten behindert wird[90], so bietet sich insgesamt hier doch die aussichtsreiche Möglichkeit, die Integration europäischer Forschung entscheidend voranzutreiben.

Die Hauptströmung *britischer Kriminologie* wird bislang von den Forschungseinrichtungen in Cambridge und Oxford sowie von der Research Unit des Home Office repräsentiert[91]. Hiergegen wenden sich junge Kriminalsoziologen. Sie zweifeln diejenigen Ziele und professionellen Standards, die den Kriminologen seit langer Zeit erstrebenswert und auch für die Politiker attraktiv zu sein scheinen, gerade in dem Augenblick an und verdächtigen sie als unwissenschaftlich, als es der Kriminologie gelingt, Heimatrecht an der Universität und Förderungswürdigkeit durch die Finanzierungsträger zu erlangen. Das begreifliche Interesse junger Kriminalsoziologen, durch intensiveren Anschluß an die Hauptströmung ihrer soziologischen Profession auch deren Wertschätzung und Ansehen zu erreichen, bringt Kriminologie und ihre Forschung gerade jetzt in eine Zerreißprobe, da das interdisziplinäre Vorgehen seinen Siegeszug antreten sollte.

---

[90] *Sveri*, K.: A. a. O. (Anm. 89), 54.
[91] *Walker*, N.: Crime and Punishment in Britain. 2nd Ed. Edinburgh 1968; ferner *Cohen*, St.: Criminology and the Sociology of Deviance in Britain. In: Rock, P., M. McIntosh (Ed.): Deviance and Social Control. London 1974, 1—40 (6 f.); vgl. auch *Lord Butler:* The Foundation of the Institute of Criminology in Cambridge. In: Hood, R. (Ed.): Crime, Criminology and Public Policy. Essays in Honour of Sir Leon Radzionowicz. London 1974; *Lodge*, T. S.: The Foundation of the Home Office Research Unit. In: Hood, R. (Ed.): A. a. O.

Weil nach internationalem Verständnis, insbesondere für Kriminalsoziologen, die *Kriminologie Nordamerikas* eine Schrittmacherfunktion erfüllt oder gar als die Kriminologie schlechthin gilt, ist auch hier auf sie kurz einzugehen. Denn eine Bestandsaufnahme und kritische Ertragsanalyse der kriminologischen Forschung in Deutschland der Gegenwart kann die Zeichen und Maßstäbe sowie die Entwicklungstendenzen der nordamerikanischen Kriminologie nicht ausklammern. Diese hervorragende Rolle amerikanischen Forschens für die internationale Kriminologie hat verschiedene Gründe. Sie beruht einerseits auf den besonderen sozialen und rechtspolitischen Problemen der USA[92], andererseits auf dem dortigen Vorsprung der empirischen Sozialforschung, auf dem Einsatz eines ungleich größeren Forschungspotentials, schließlich auf der im anglo-amerikanischen Bereich vorherrschenden dynamischeren Grundauffassung, verglichen mit dem mehr statischen Denken Mitteleuropas. Kriminalbiologische Konzepte konnten sich aus diesem Grund in den USA nie in dem Maße festigen wie in Europa.

Zwar finden sich neuere Ansätze und Fortschritte der *Persönlichkeitsforschung* in Nordamerika früher als in Europa. Dieser Sachverhalt beruht darauf, daß in den Vereinigten Staaten von Nordamerika alsbald versucht wurde, die Täteranalyse mit der Klassifikation von Strafgefangenen in sogenannten „Clearing Houses" zu verknüpfen[93]. Aber die Ansätze der Kriminalbiologie bleiben trotz vorübergehender Bedeutung Randerscheinungen im gesamtkriminologischen Problemfeld, während sie in Europa später mitunter erstarren.

Sinngemäß das gleiche gilt für den Versuch von *Schlapp* und *Smith* in ihrer „*New Criminology*", die biochemische Verursachung in den Mittelpunkt der Betrachtung zu rücken im Gegensatz zu den Umwelteinflüssen[94]. Daran läßt sich überdies erkennen, daß „Neue Kriminologie" nicht erst eine Bezeichnung, geschweige Entdeckung der 70er Jahre ist[95]. Vielmehr wird

---

[92] Dazu kritisch *Reckless*, W.: American Criminology: New Directions. New York 1973, 465 ff. (472 ff.): *Mannheim*, H.: A. a. O. (Anm. 11), 864 ff.
[93] Dazu *Welsch*, X.: Entwicklung und heutiger Stand der kriminologischen Persönlichkeitsforschung und Prognose des sozialen Verhaltens von Rechtsbrechern in Deutschland. Hamburg 1962, 19 ff., 131.
[94] *Schlapp* M. G., E. W. *Smith:* The New Criminology. New York 1928.
[95] Vgl. *Opp*, K.-D.: Abweichendes Verhalten und Gesellschaftsstruktur. Darmstadt, Neuwied 1974; *Taylor*, J., P. *Walton*, J. *Young* (Hrsg.): A. a. O. (Anm. 41).

28

man auch an diesem Paradigmawechsel ablesen können, daß fast
jede Generation mit „ihrer" Kriminologie auftritt und sie als
„neu" begreift.

Vermag sich gegenüber dem lerntheoretischen Konzept
Sutherlands[96] die konstitutionsbiologische Betrachtungsweise[97]
auch nicht durchzusetzen, so erweisen sich die im Ansatz relativ
offenen Persönlichkeitsuntersuchungen nach dem Mehrfaktoren-
ansatz, durchgeführt vor allem von Healy und dem Ehepaar
Glueck[98], als einflußreich.

Freilich stellt schon Jeffery 1960 fest, daß die soziologischen
und sozialpsychologischen Paradigmata, die im angloamerikanischen Bereich entwickelt wurden, in der Grundtendenz mit
den kriminalbiologischen Ansätzen übereinstimmen[99]. Bis zum
Anfang der 60er Jahre herrscht nämlich auch innerhalb der
Kriminalsoziologie eine insoweit positivistische Grundhaltung
vor, als man davon ausgeht, daß die Kriminologie vom Strafrecht unabhängig gemacht werden sollte[100].

Mit der Herausbildung des Labeling- oder Reaktionsansatzes
wandelt sich in dem letzten Jahrzehnt die kriminologische
Theoriebildung entschieden[101]. Diese Wandlung ist so ausgeprägt,
daß man zunehmend von der sogenannten „Kritischen" oder

[96] Sutherland, E. H.: Principles of Criminology. Philadelphia, London
1924 (8. Aufl. bearb. v. D. R. Cressey. Chicago, Philadelphia, New York
1970).
[97] Vgl. Hooton, E. A.: Crime and the Man. New York 1939 (Reprint
1968); Sheldon, W.: Varieties of Delinquent Youth. New York 1949.
[98] Healy, W.: The Individual Delinquent. A Text-Book of Diagnosis
and Prognosis for all Concerned in Understanding Offenders. Boston 1915
(Reprint 1969); Glueck, S., E. Glueck: Unraveling Juvenile Delinquency.
Cambridge/Mass. 1950; dies.: Delinquents and Nondelinquents in Perspec-
tive. Cambridge/Mass. 1968; dies.: Towards a Typology of Juvenile Offenders. Implications for Therapy and Prevention. New York 1970.
[99] Jeffery, C.: The Historical Development of Criminology. In: Mannheim, H. (Hrsg.): Pioneers in Criminology 1960, 393.
[100] Vgl. Mannheim, H.: American Criminology. In: Group Problems in
Crime and Punishment. London 1955, 190 ff.; ders.: A. a. O. (Anm. 1), 14 ff.;
Jeffery, C. R.: The Historical Development of Criminology. In: Mannheim,
H. (Hrsg.): Pioneers in Criminology. 2nd Ed. Montclair/N. J. 1972, 458—498
(488 ff.); siehe ferner Galliher, J. F., J. L. McCartney: The Influence of
Funding Agencies on Juvenile Delinquency Research. Social Problems 21
(1973), 77—89.
[101] Auf die enge Verbindung dieses Ansatzes mit der historischen Tradition der klassischen Schule weist Jeffery, C. R.: A. a. O. (Anm. 100),
493 hin.

„Radikalen Kriminologie" spricht[102]. Dies kann freilich nicht bedeuten, daß die anderen Richtungen unkritisch wären. Vielmehr meint Kritik hier radikale Ablehnung der traditionellen Kriminologie, überdies Gesellschaftskritik, Kritik am Strafrecht und an der Strafrechtspflege. Die Untersuchung der Handlungsmuster von Polizei und Strafjustiz wird nunmehr in die kriminologische Forschung einbezogen[103]. Dieses Analyse- und Erklärungsschema geht bekanntlich davon aus, daß Kriminalität zunächst einmal eine ubiquitäre Erscheinung ist, folglich kein qualitativ besonderes Merkmal der jeweiligen Täterpersönlichkeit, sondern ein sozial- oder justizadministrativ zugeschriebenes Etikett.

Freilich scheint es, als stehe der *Labeling Approach* als internationales Paradigma kriminologischen Forschens bereits im *Begriff, seine vorherrschende Bedeutung wieder einzubüßen.* Denn in den letzten Jahren haben sich zunehmend mehr Stimmen erhoben, die in der „Social Reaction Revolte" gegen den strukturellen Funktionalismus eine übertriebene Reaktion sehen. Nach den Autoren der „Neuen Kriminologie"[104] hat der Labeling Approach zwar viel dazu beigetragen, die relative Natur des Verbrechens zu verstehen. Auch habe er die Erkenntnis vermittelt, daß viele der Abweichungen von Machtgruppen geschaffen werden, die auf Gesetze Einfluß nehmen könnten. Aber die Zuschreibung allein ist nach ihnen keine hinreichende und genügende Bedingung für bestimmte Typen abweichenden Verhaltens.

Die *Perspektiven kriminologischer Forschung* haben sich also *erheblich gewandelt.*[105] Viele der jungen Forscher reden inso-

---

[102] *Fréchette*, M.: Le rôle de la criminologie dans la société. Annuaire et rapport annuel 1973/74 — Ecole de Criminologie. Montréal 1973, 10—17; *Arbeitskreis Junger Kriminologen* (Hrsg.): A. a. O. (Anm. 38); *Platt*, T.: A. a. O. (Anm. 41); *Sykes*, G. M.: Critical Criminology. JCrim 65 (1974) 206—213; *Taylor*, I., P. *Walton*, J. *Young*: A. a. O. (Anm. 41); vgl. aber auch *Nagel*, W. H.: Critical Criminology. Leiden o. J. Vorgelegt beim VI. Internationalen Kongreß der Kriminologie. Madrid 1970.

[103] Siehe dazu die Nachweise bei *Kaiser*, G.: A. a. O. (Anm. 26) 1971, 890 ff.; ferner *Sessar*, K.: A. a. O. (Anm. 34); zur Kritik am kriminologischen Forschungsertrag in diesem Bereich: *Hassemer*, W.: A. a. O. (Anm. 37), 59 ff.

[104] *Taylor*, I., P. *Walton*, J. *Young*: The New Criminology. London, Boston 1973; dazu *Coulter*, J.: What's Wrong with the New Criminology? The Sociological Review 22 (1974), 119—135.

[105] Z. B. *Sack*, F.: Vorwort In: *Sack*, F., R. *König* (Hrsg.): Kriminalsoziologie. 2. Aufl. Frankfurt/M. 1974, XX.

weit auch von einer „Politisierung" der Kriminologie[106] und stellen damit die Frage nach einer politischen Kriminologie[107]. Die Rezeption der Konflikttheorie in der Kriminologie bedeutet als Ausgangspunkt, daß Kriminalpolitik und Strafgesetz von Interessengruppen gemacht, favorisiert und verwaltet werden, die damit weitestgehend eigennützige Ziele verfolgen[108]. Obwohl diese pauschale Annahme kaum oder selten konkretisiert und genau belegt wird, erfreut sie sich besonders unter Nichtjuristen großer Verbreitung. Die Frage nach Ansteigen und Typus des Verbrechens werden auf diese Weise zu politischen Fragen[109]. Eine solche Sichtweise, die freilich die strategische Bedeutung von Verbrechensopfer und privatem Anzeigeerstatter[110] gern übersieht, hätte naturgemäß starke Auswirkungen auf die traditionelle Behandlungsforschung und den Strafvollzug, die bisher weitgehend dem „medizinischen Modell" der Abweichung folgen[111]. Die Einsicht, daß Legalsystem und politisches System zusammenhängen, Strafgesetze demnach das Ergebnis politischer Machtstrukturen sind, trägt etwa nach der Auffassung von *Wilkins* die Gefahr in sich, daß Strafgesetze zunehmend fragwürdig werden. *Wilkins* sieht damit eine Überlebenschance für das Strafrecht Ende dieses Jahrhunderts nicht mehr gewährleistet[112].

Eine derartige Einschätzung erscheint aus nordamerikanischer Sicht Anfang der 70er Jahre verständlich, jedoch allgemein unbegründet. Dies gilt besonders, wenn man im historischen

[106] *Reasons*, Ch.: The Politicizing of Crime, the Criminal and the Criminologists. A JCrim 64 (1973), 471—477.
[107] *Schellhoss*, H.: Kriminologie. In: *Kaiser*, G., F. *Sack*, H. *Schellhoss* (Hrsg.): Kleines Kriminologisches Wörterbuch. Freiburg 1974, 202.
[108] *Clinard*, M.-B.: Some Implications of the New Crimonology. Int Crim 2 (1974), 85—91.
[109] *Christie*, N.: The Delinquent Stereotype and Stigmatization. Report (7th International Congress on Criminology) Belgrad 1973.
[110] Dazu *Kaiser*, G.: Der Einfluß des Jugendrechts auf die Struktur der Jugendkriminalität. Zeitschrift für Pädagogik 16 (1970), 337—364; *ders.:* Jugendrecht und Jugendkriminalität. Weinheim, Basel 1973, 105, 155 ff.; *ders.:* A. a. O. (Anm. 64) 1975; *Reckless*, W.: A. a. O. (Anm. 9), 385 ff.; kritisch *Pilgram*, A.: Die junge Kriminologie und die alte Kriminalpolitik. Kriminalsoziologische Bibliographie 1 (1974), 117—120.
[111] *Kaiser*, G.: A. a. O. (Anm. 33) 1971, 141 ff.; ferner *Reasons*, Ch.: A. a. O. (Anm. 106), 476.
[112] *Wilkins*, L. T.: Crime and Criminal Justice at the Turn of the Century. Annals of the American Academy of Political and Social Science 40 (1973), 13—28; ähnlich *Keller*, H. für das Jahr 2025, vgl. Umschau DRiZ 1975, 89.

Rückblick sowohl die Wandelbarkeit und Anpassungsfähigkeit des Strafrechts, aber auch die zeitüberdauernde Konstanz des strafrechtlichen Kernbereichs[113] betrachtet. Immerhin hat die soziologische Abkehr vom Funktionalismus zum Teil eine scharfe Ablehnung des herrschenden Legalsystems mit sich gebracht. Die bestehende soziale Ordnung, vor allem das sogenannte „Crime Control Establishment"[114] oder die „Crime Control in Capitalist Society"[115] erscheinen äußerst fragwürdig. Die Bedeutung wirtschaftlicher Macht und Ohnmacht ist überdies in den letzten Jahren in den USA zu einem expliziten politökonomischen Ansatz ausgebaut worden[116]. Eine Art marxistisches Klassenmodell der Gesellschaftsanalyse findet hier nunmehr breite Resonanz. Verbrechen und Verbrechenskontrolle werden nicht mehr funktional verstanden, sondern schließen Kritik ein, die mit moralischem und politischem Anspruch auftritt[117]. Der Kriminologie kommt nach solchem Verständnis nicht mehr die Aufgabe zu, durch eine Perfektionierung der Kontrolle zu einer Stabilisierung der gerade existierenden politischen Macht beizutragen. Vielmehr bestehe ihre Funktion darin, die Kontrolle politisch begriffenen abweichenden Verhaltens zu kritisieren[118] und auf diese Art und Weise den Fortschritt menschlicher Möglichkeiten zu unterstützen. *Jeffery* sieht allerdings in einer solchen Strategie die Gefahr, daß Kriminologie auf eine politische Ideologie reduziert wird, und sozialer Protest letzten Endes wissenschaftliche Erkenntnisse ersetzt[119]. Das sich hier abzeichnende Konfliktpotential könnte sich noch insoweit erhöhen, als in dem letzten Jahrzehnt in den USA die Strafrechtswissenschaft in einem Maße ausgebaut und institutionalisiert wurde, wie es bisher unbekannt war[120].

---

[113] Dazu *Lange*, R.: A. a. O. (Anm. 34), 345 ff.; *Jescheck* H.-H.: A. a. O. (Anm. 36), 34; *Radzinowicz*, L.: Them and US. The Cambridge Law Journal 30 (1972), 260—279; *Kaiser*, G.: A. a. O. (Anm. 34), 367.

[114] *Silver*, J.: The Crime Control Establishment. Englewood Cliffs/N. J. 1974.

[115] *Quinney*, R.: Critique of Legal Order. Crime Control in Capitalist Society. Boston 1974.

[116] *Quinney*, R.: A. a. O. (Anm. 115), 33 ff.

[117] *Quinney*, R.: A. a. O. (Anm. 115).

[118] *Hassemer*, W.: A. a. O. (Anm. 37), 59 f.

[119] *Jeffery*, C. R.: A. a. O. (Anm. 99), 494.

[120] *Muellre*, G. O. W.: The American Outlines for the Reisensburg Castle Conference of German and American Criminology Scholars and Especially Invited Guests. Multigr./MS 1972, 1—9.

So gesehen kann es nicht verwundern, daß manche Bestrebungen dahingehen, eine „*Alternative Criminology*" aufzubauen, um auf diese Weise den Angriff auf die internationale Unterdrückung des fortgeschrittenen Kapitalismus wirksamer zu gestalten. Denn Sozialkontrolle sei kapitalistische Kontrolle; Verbrechen ein Werkzeug des Klassenkampfes[121]. Folglich gelten die Legaldefinitionen des Verbrechens, die liberal-reformerische Haltung, das pragmatische und stückweise Vorgehen sowie die technokratische Attitude als verdächtig und verfehlt[122].

2.3. Zusammenfassung und Kritik

Die noch kleine, wenn auch äußerst lautstarke Richtung der radikalen oder kritischen Kriminologie könnte vielleicht dahingestellt bleiben, wenn sie wie hierzulande neomarxistische Ansätze nur eine unbedeutende Minderheit vorwiegend in den Sozialwissenschaften beschäftigte. Doch ähnlich wie bei Struktur und Bewegung des Verbrechens gilt in der kriminologischen Forschung die Frage, ob wir nicht auch hier mit dem Eintritt „amerikanischer Verhältnisse" zu rechnen haben[123]. Denn es kann nicht zweifelhaft sein, daß *Forschungswünsche und -interessen* eines gewichtigen Teils *junger Kriminologen* aus den Sozialwissenschaften von den gegenwärtig gesetzten Forschungsprioritäten, geschweige jenen der traditionellen Kriminologie, entschieden abweichen[124]. Auch scheint aus der historischen und vergleichenden Analyse nicht minder klar zu folgen, daß es *kein nostalgisches Zurück* zu den kriminologischen Grundbegriffen und Forschungszielen der traditionellen Kriminologie[125] geben kann. Weit mehr als im Strafrecht, und zwar trotz Strafrechts-

[121] *Quinney*, R.: A. a. O. (Anm. 11), 51 ff.
[122] *Platt*, T.: A. a. O. (Anm. 41), 2 ff.
[123] *Hamacher*, H. W.: Tatort Deutschland. Bergisch Gladbach 1973, 314 ff.; *Häring*, H.: Was erwartet die Kriminalistik von der Kriminologie? KrimGegfr 11 (1974), 171.
[124] Dazu *Brusten*, M.: Kritische Kriminologen empirisch geprüft. In: AJK (Hrsg.): Kritische Kriminologie. München 1974, 212—229 (215 ff.).
[125] Vgl. schon die Kritik *Langes*, R.: A. a. O. (Anm. 34); *ders.*: Das juridisch-forensisch-kriminologische Grenzgebiet. Vom Standpunkt des Juristen. In: *Franke*, V. E., V. E. *Gebsattel*, J. H. *Schulz* (Hrsg.): Handbuch der Neurosenlehre und Psychotherapie. Bd. 5 München, Berlin 1961, 404 ff.; *ders.*: Das Rätsel Kriminalität. Frankfurt/M. 1970, 340 ff.; ähnlich *Würtenberger*, Th.: A. a. O. (Anm. 1) 1964.

vergleichung[126] und Kontakten mit dem Ausland, treffen wir in den Bereichen kriminologischen Denkens und Forschens auf internationale Strömungen, auf Paradigmawechsel und Polarisierung. Auch findet sich ein breiter Konsens darüber, daß sich das Problemfeld der Kriminologie beträchtlich erweitert hat. Dieses neugefaßte Forschungsspektrum läßt sich in der englichen Terminologie einprägsam auf die Formel des „Rule Creating", „Rule Breaking" und „Rule Enforcement"[127] bringen.

Wir finden also je nach Ziel und Rangordnung verschiedene Richtungen und einen weltweiten Forschungspluralismus. Eine Zeit knapper werdender Finanzmittel wird dazu beitragen, alte und neue Kontroversen zu verschärfen. Im wesentlichen reicht der *Forschungsgegenstand* von der traditionellen bis zur radikalen Kriminologie, von der Bedarfs- bis zur Grundlagenforschung, von der Rechtstatsachenforschung bis zur Gesellschaftskritik. *In diesem breiten Spannungsfeld* treffen psychiatrische, psychoanalytische, psychologische, soziologische und sozialpädagogische Denkweisen aufeinander. Dieses Ringen, bei dem Kriminologen der sozialistischen Gesellschaft belustigt bis besorgt zuschauen, greift über den alten „Streit der Fakultäten"[128] weit hinaus. Die Frage ist nur, wo der aus der juristischen Fakultät kommende Kriminologe seinen Platz sucht und findet.

Wohl haben sozialwissenschaftliche Begriffe und die „soziologische Dimension" das kriminologische Denken der Gegenwart in einem bisher unbekannten Maße beeinflußt. Ferner sind Sozialwissenschaftler an der kriminologischen Forschung auch in Deutschland wesentlich zahlreicher beteiligt als Juristen und Mediziner. Dennoch wird kritisch geltend gemacht, daß „die Allokation von Forschungsmitteln der DFG sowie die Entscheidungen über kriminologische Institutsgründungen im Begriff" stünden, „die ertraglose bisherige Vorherrschaft juristisch-medizinischer Denktraditionen um einige weitere Jahre zu verlängern und damit auch die apologetische Funktion dieser Wissen-

---

[126] Dazu *Jescheck*, H.-H.: A. a. O. (Anm. 36), 28 f.; *ders.*: Rechtsvergleichung als Grundlage der Strafprozeßform. ZStW 86 (1974), 761—782.

[127] So *Phillipson*, M., M. *Roche*, Phenomenology, Sociology and the Study of Deviance. In: *Rock*, P. a. a. O. (Ed.): Deviance and Social Control. London 1974, 143.

[128] *Kant*, I.: Der Streit der Fakultäten (1798). Hamburg 1959; *Kaiser*, G.: A. a. O. (Anm. 2), 123; *Sack*, F.: Sachverständige. In: *Kaiser*, G., F. *Sack*, H. *Schellhoss* (Hrsg.): Kleines Kriminologisches Wörterbuch. Freiburg 1974, 278 f.

34

schaft für eine schlechte Praxis"[129]. Daher stellen sich jetzt die Fragen nach der heutigen Organisation der empirischen Forschung im Bundesgebiet und nach deren Ertrag.

3. Institutionalisierung und Organisation kriminologischer Forschung im Bundesgebiet

Kriminologische *Forschungsstätten* und institutionelle Schwerpunkte finden wir im Gebiet der Bundesrepublik Deutschland an den Universitäten[130], bei dem Bundeskriminalamt[131], der Polizeiführungsakademie Hiltrup[132] und dem Freiburger Max-Planck-Institut[133], mit subsidiärer eigener Zuständigkeit auch bei der geplanten kriminologischen Zentralstelle von Bund und Ländern[134]. Zum Teil wird auch die Forderung nach Errichtung eines eigenen Max-Planck-Institutes für Kriminologie erhoben[135].

[129] So *Sack*, F.: A. a. O. (Anm. 28), 281.
[130] Dazu *Göppinger*, H.: Die gegenwärtige Situation in der Kriminologie. Tübingen 1964; *ders.*: Neuere Ergebnisse der kriminologischen Forschung in Tübingen. KrimGegfr 9 (1970), 70—91; *Geerds*, F.: Die Kriminalität als soziale und wissenschaftliche Problematik. Tübingen 1965; *Würtenberger*, Th.: A. a. O. (Anm. 1) 1969; *ders.*: A. a. O. (Anm. 30) 1971; *Kürzinger*, J.: A. a. O. (Anm. 4); *Sack*, F.: A. a. O. (Anm. 105); *UNSDRI*: A. a. O. (Anm. 65); zu den Erhebungen der Kölner Kriminologischen Forschungsstelle vgl. *Kaufmann*, H.: Jugendliche Straftäter und ihre Verfahren. München 1975.
[131] *Gallus*, H.: Kriminalistisch-kriminologische Forschung im Bundeskriminalamt. Kriminalistik 26 (1972), 578—581; *Herold*, H.: Kriminologisch-kriminalistische Forschung im Bundeskriminalamt. In: BKA (Hrsg.): Kriminologentreffen am 12. 10. 1973 in Wiesbaden. Wiesbaden 1974, 2—17; *Gemmer*, K. H.: Pläne und Initiativen zur Förderung kriminalistisch-kriminologischer Forschung durch das Bundeskriminalamt. KrimGegfr 11 (1974), 196—200.
[132] *Häring*, H.: A. a. O. (Anm. 123); *Matthes*, I.: Der Beginn des Forschungsprogrammes in der Polizeiführungsakademie. Schriftenreihe der Polizeiführungsakademie 1 (1974), 35—38.
[133] Dazu *Kaiser*, G.: A. a. O. (Anm. 26); *ders.*: Kriminologische Forschung in Deutschland und die empirischen Untersuchungen am Max-Planck-Institut. ZStW 83 (1971), 1093—1130; *ders.*: Aufgaben und Tätigkeit der kriminologischen Forschungsgruppe des Max-Planck-Instituts. In: Max-Planck-Institut für ausländisches und internationales Strafrecht in Freiburg i. Br. (Hrsg.): Informationsschrift. Freiburg 1975; *ders.*: Die Zusammenarbeit von Praxis und Wissenschaft in der kriminologisch-kriminalistischen Forschung. Arbeitstagung der Polizeiführungsakademie Hiltrup. Hiltrup 1975, 23—59.
[134] *Roth*, W.: Das Projekt einer kriminologischen Zentralstelle von Bund und Ländern. KrimGegfr 11 (1974), 201—204.
[135] Vgl. *Busch*, M.: Zum Standort und zur Organisation kriminologischer Forschung. ArchKrim 153 (1974), 16—20.

Das nach Zahl und Entwicklung der Forschungseinrichtungen ermutigende Bild wird freilich getrübt, wenn die Mittel und Kräfte unberücksichtigt bleiben, die hauptsächlich für die Lehre und die mit ihr zusammenhängenden Verwaltungsaufgaben in Anspruch genommen werden[136]. Stellt man auf die reine *Forschungskapazität* ab, so wird man — bezogen auf das Kalenderjahr 1974 — von etwa 50 bis 60 akademisch vollausgebildeten und ausschließlich kriminologisch tätigen Forschern ausgehen dürfen. Vergleichsweise schätzt *Szabo*, daß in der ganzen Welt ungefähr 1500 Personen mit mehr als ihrer halben Arbeitskraft in der kriminologischen Forschung tätig seien[137]. Beschränkt man die Analyse gar auf Existenz und Arbeit selbständiger Forschergruppen, so reicht das Potential kaum über zehn solcher Forschungseinheiten hinaus.

Dabei dienen als *Indikatoren* dieser Analyse die Berichte und Projekte der DFG zur Normalförderung, zum Schwerpunkt „Empirische Kriminologie einschließlich Kriminalsoziologie", zu den weiteren Schwerpunkten der „Sozialisationsforschung" und „Verhaltensmodifikation" sowie zu einzelnen Sonderforschungsbereichen[138]. Ferner ist an die BKA-Forschung und an Untersuchungen im Rahmen der Max-Planck-Gesellschaft zu denken, einschließlich des Starnberger Instituts[139]. Ergänzende Informationen enthalten die Rechenschaftsberichte der VW-Stiftung[140], das Archiv für empirische Sozialforschung[141] und die Dokumentation des Deutschen Jugendinstituts[142]. Einen zusammenfassenden Überblick aller seit Anfang 1972 begonnenen, fortgeführten oder abgeschlossenen kriminologischen Forschungsvorhaben enthält die 1974 vom Bundesjustizministerium vorgelegte

---

[136] Dazu *Wolff*, J.: Der Jurist in der Kriminologie. KrimJ 3 (1971), 260—276; *Kerner*, H. J.: A. a. O. (Anm. 4); *Kürzinger*, J.: A. a. O. (Anm. 4); *Berckhauer*, F. H.: A. a. O. (Anm. 5).

[137] *Szabo*, D.: Applied Criminology and Government Policy: Future Perspectives and Conditions of Collaboration. Madrid 1970, 7.

[138] Vgl. *Deutsche Forschungsgemeinschaft:* Jahresbericht Bd. I.: Tätigkeitsbericht 1973; Jahresbericht Bd. II: Programme und Projekte 1973. Bonn-Bad Godesberg 1973.

[139] Hierzu die Jahrbücher der *Max-Planck-Gesellschaft*, München.

[140] *Stiftung Volkswagenwerk:* Bericht 1973. Hannover 1974.

[141] *Universität zu Köln* Zentralarchiv für empirische Sozialforschung: Empirische Sozialforschung 1973. Pullach-München 1974.

[142] *Deutsches Jugendinstitut München:* Dokumentation Jugendforschung, Jugendhilfe, Jugendpolitik, 1—74, München 1974.

Dokumentation „Rechtstatsachenforschung, Kriminologie"[143].

Einen weiteren Indikator liefert die Zusammensetzung der Forschergruppen. Würde man auf die interdisziplinäre Struktur abstellen, so verminderte sich die Zahl der Forschergruppen noch mehr. Unter Berücksichtigung dessen wird man nach dem gegenwärtigen Bild die Forschungsstätten in Berlin, Bielefeld, Bochum, Freiburg, Gießen, Hamburg, Heidelberg, Köln, Marburg, Münster, Saarbrücken, Tübingen und Wiesbaden besonders hervorheben dürfen[144].

Den gesamten *Forschungsaufwand*, bei dem die Personalmittel den größten Teil ausmachen, wird man im Bundesgebiet gegenwärtig in der Größenordnung von etwa 5 Millionen DM pro Jahr vermuten dürfen. Davon entfallen jeweils ungefähr 25 % auf die DFG und auf die MPG. Weitere 30 % der Finanzierung stammen aus den Länderhaushalten. Die restlichen 20 % entfallen auf Bundeskriminalamt, Polizeiliche Führungsakademie, auf die VW-Stiftung oder auf Sonderfonds zur Finanzierung von ad hoc-Vorhaben aus einzelnen Bundes- und Landesministerien.

Mußte man vor 20 Jahren den Zugang zur angloamerikanischen Literatur noch auf beschwerlichen Umwegen suchen, so können wir gegenwärtig auf mehrere gut ausgestattete Fachbücherreihen im Bundesgebiet zurückgreifen und außerdem auf den Bibliotheksschwerpunkt „Kriminologie" in Tübingen. Auch damit sind wichtige Voraussetzungen für eine ergiebige Forschung geschaffen.

---

[143] *Bundesministerium der Justiz:* Rechtstatsachenforschung, Kriminologie. Dokumentation der laufenden und der in jüngster Zeit abgeschlossenen empirischen Forschungsarbeiten. Bonn 1974, 114—303. Von den darin enthaltenen 153 Untersuchungen wurden, bzw. werden 73 (=47,7 %) in Gruppenarbeit ausgeführt, während 80 Untersuchungen (= 52,5 %) von Einzelforschern betreut werden. Die relative Gruppenbeteiligung ist mit 100 % am größten bei den (allerdings nur 2) Arbeiten zur Verbrechensverhütung, gefolgt von den Themen „Kriminalität und Strafrecht in der öffentlichen Meinung" (77,8 %) sowie „Soziale Faktoren" und „Kontrolle der Kriminalität" (beide 75 %). Einzelforscher waren mit 77,8 % am stärksten vertreten bei Analysen über kriminologische „Grundbegriffe, Methoden, Ausbildung", gefolgt von Untersuchungen zur „Viktimologie" (66 %); vgl. ferner die vom *Informationszentrum für sozialwissenschaftliche Forschung* herausgegebene Dokumentation: Forschungsarbeiten 1973 in den Sozialwissenschaften. Stuttgart, Köln, Mainz 1974, sowie *Hartwieg,* O.: Rechtstatsachenforschung im Übergang. Göttingen 1975.
[144] Vgl. im einzelnen die DFG-Jahresberichte Bd. II zum Schwerpunkt „Empirische Kriminologie einschl. Kriminalsoziologie" (z. B. 1973, 281) und den Überblick *Würtenbergers,* Th.: A. a. O. (Anm. 30) 1971.

Wenn man diese Informationen über Zahl und Inhalt der Forschungsprojekte zugrundelegt, und außerdem noch die Dokumentation des Bundesministeriums der Justiz über Kriminologie und Rechtstatsachenforschung sowie jene des Deutschen Jugendinstituts berücksichtigt, wird man davon ausgehen dürfen, daß sich *in der Gegenwart etwa 200 Forschungsvorhaben im Bundesgebiet mit kriminologischen Fragestellungen* empirisch befassen. Vergleichsweise wurden nach den Informationsblättern des Europarates seit 1967 rund 850 Projekte bislang registriert. Wir dürfen annehmen, daß von den Mitgliedstaaten des Europarats auf die Bundesrepublik ungefähr 10 % des Gesamtpotentials entfallen[145]. Messen wir allerdings die Projekte an der tatsächlichen Durchführung oder gar am Ertrag, so können wir getrost Abstriche in Höhe von rund 50 % machen. Dies zumindest entspricht der Erfahrung, die man mit dem DFG-Schwerpunktprogramm „Kriminologie einschließlich Kriminalsoziologie" seit Herbst 1968 gewonnen hat. Von rund 70 Projekten, um deren finanzielle Förderung im Rahmen des Schwerpunktes nachgesucht wurde, erhielten nur etwa die Hälfte der Forschungsvorhaben auch Sachbeihilfen.

Gleichwohl ist der Gesamtaufwand nicht unbeachtlich. Auch läßt er die Herstellung des Forschungspluralismus erkennen. Doch ist der *Forschungsertrag noch immer sehr begrenzt.* Gelegentlich gewinnt man den Eindruck, als werde von den Mitteln nicht der richtige Gebrauch gemacht. Auch fehlt es an Koordinierung. Man könnte meinen, daß die Forschungsprobleme, welche die Kriminologie als dringlich bezeichnet, sich nicht mit den Erwartungen decken, die Staat, Gesellschaft und Ausland von der Kriminologie haben. Betrachten wir daher die Forschungsanträge und -vorhaben im DFG-Schwerpunkt „Empirische Kriminologie einschließlich Kriminalsoziologie", den VW-Schwerpunkt „Rechtstatsachenforschung", die „Kriminologisch-kriminalistische Forschung" des BKA noch etwas genauer.

Stellt man nämlich nur auf die Projekte ab, die im DFG-Schwerpunkt gefördert wurden, weil sich hier am ehesten Durchführung und Ertrag der Forschung anhand der DFG-Jahresberichte und an den einschlägigen Veröffentlichungen ab-

---

[145] Zum Vergleich: Der Anteil der Bundesrepublik an der Gesamtbevölkerung der Mitgliederstaaten des Europarates beträgt 18,8 %, der Anteil am Gesamt-Bruttosozialprodukt 28,7 %.

schätzen lassen, so muß man allerdings einräumen, daß bislang nur weniger als ein Viertel der geförderten Projekte auch tatsächlich abgeschlossen wurde. *Nur wenige der abgeschlossenen Projekte erreichten bislang größere Bedeutung oder eine breite wissenschaftliche Publizität.* Die Ergebnisse von Vorhaben wie der Prognoseforschung[146] oder der Institutionsanalyse[147] blieben in der Wissenschaft bis heute weithin unbekannt und ohne nennenswerte Resonanz. Ferner erscheint beachtlich, daß einige der aus der Forschung hervorgegangenen Publikationen im wesentlichen nur der engeren Fachwelt in der Herkunftsdisziplin des Forschers bekannt geworden sind, weniger jedoch zum Wissenstand und zur Erkenntnissteigerung der Kriminologie beigetragen haben.

Immerhin führten die methodischen Ansätze und *Zwischenergebnisse* einiger Projekte schon zu einer Reihe von Veröffentlichungen. Auf diese Weise konnten Fragestellungen und Verfahrenstechniken, die aus dem angloamerikanischen Bereich übernommen und zum Teil eigenständig weiterentwickelt wurden, der größeren wissenschaftlichen Öffentlichkeit vorgestellt werden.

Sie können überdies zur Erneuerung des kriminologischen Denkens anregen. Anzeichen dafür liegen vor[148].

Insgesamt muß die *heutige Ertragsanalyse* berücksichtigen,
— daß die Anlaufschwierigkeiten der *Teamforschung*, insbesondere bei interdisziplinärer Zusammensetzung, sehr groß waren und noch immer sind[149];

---

[146] *Abels,* D. M.: Wege ins Verbrechen. Versuch einer Motivationsanalyse kriminellen Verhaltens. Stuttgart 1970.

[147] *Vehlow,* W.: Überlegungen zu den organisationsanalytischen Problemen bei der Untersuchung einer Hamburger Strafanstalt. Jur. Diss. Hamburg 1972; *Fischer,* G.: Soziale Phänomene in einer Strafanstalt. Jur. Diss. Hamburg 1973; zum ganzen *Müller-Dietz,* H.: Probleme des modernen Strafvollzuges. Berlin 1974, 14 f., mit umfassenden Nachweisen.

[148] Vgl. z. B. die teilnehmende Beobachtung im Zusammenhang mit polizeisoziologischen Studien, etwa *Feest,* J., E. *Blankenburg:* Die Definitionsmacht der Polizei. Düsseldorf 1972; *Kürzinger,* J.: Private Strafanzeigen bei der Polizei. Unveröffentlichtes Manuskript. Freiburg 1975.

[149] Dazu schon *Kaiser,* G.: A. a. O. (Anm. 26) 1967, 1971 mit Nachweisen; *Göppinger,* H.: Probleme interdisziplinärer Forschung in der Kriminologie. In: Tübinger Festschrift für Eduard *Kern.* Tübingen 1968, 201—222; *ders.:* A. a. O. (Anm. 129) 1970; *Gemmer,* K. H.: A. a. O. (Anm. 131); ferner *Hadorn,* E.: Ist Interdisziplinarität überhaupt möglich? In: *Holzhey,* H. (Hrsg.): Interdisziplinär. Basel, Stuttgart 1974, 43—47; *Holzhey,* H.: Interdisziplinarität. In: *Holzhey,* H. (Hrsg.): O. a., 105—129; *Roth,* W.: A. a. O. (Anm. 133); *Sack,* F.: A. a. O. (Anm. 105), XX.

ferner
— daß interdisziplinäre *Zusammenarbeit*, Forschung und
Kritik schon allgemein ein Wagnis bedeuten, besonders
jedoch in der Kriminologie, wo wir auf wechselnde Hege-
monieansprüche einzelner Wissenschaften treffen, und wo
gerade das interdisziplinäre Konzept auf Ablehnung der
Soziologen stößt[150].

Denn hier wird der interdisziplinäre Anspruch der Kriminologie schon deshalb relativiert oder zurückgewiesen, weil die
Kriminalsoziologie aus methodologischen und Statusgründen
bemüht ist, Anschluß an die Hauptströmung der Soziologie zu
finden, nicht aber an die interdisziplinäre Kriminologie. Begreif-
licherweise muß sich dies auch in der Förderungspolitik auswirken, wenn Soziologen innersoziologischen Standards und Entwicklungstendenzen folgen, sich jedoch mit einem kriminologischen Projekt der interdisziplinären Prüfung und Kritik stellen müssen. Lehnen es aber Kriminalsoziologen ab, sich an interdisziplinären Maßstäben messen zu lassen, so bleibt ihnen nur
die Alternative, andere Förderungswege zu erschließen und zu
beschreiten, oder den Kampf mit der von ihnen abgelehnten
Förderungspolitik aufzunehmen[151]. Dennoch läßt sich nicht verkennen, daß die Mehrzahl der von der DFG geförderten For-
schungsassistenten bislang aus Sozialwissenschaftlern (Soziologen, Psychologen, Sozialpädagogen) besteht.

Außerdem muß beachtet werden,
— daß erst im Laufe der 60er Jahre interdisziplinär zusammengesetzte oder orientierte Forschungsgruppen gebildet
und mit den gegenwärtigen Methoden und dem Wissensstand vertraut gemacht werden konnten. Schließlich erscheint für den Ertrag bedeutsam,
— daß — wie erwähnt — bislang nur ein Viertel der geförderten Projekte abgeschlossen werden konnte.

Gerade einige der kostenintensivsten Forschungsvorhaben befinden sich gegenwärtig erst in der Auswertungsphase und sind
daher der Ertragsanalyse noch nicht voll zugänglich. Dies trifft

---

[150] Vgl. *Sack*, F.: Probleme der Kriminalsoziologie. In: *König*, R. (Hrsg.):
Handbuch der empirischen Sozialforschung. Bd. II. Stuttgart 1969, 964 f.;
Cohen, St.: A. a. O. (Anm. 91).
[151] Siehe dazu die Kritik von *Sack*, F.: Selektion und Kriminalität.
Kritische Justiz 1971, 384—400; *Feest*, J.: A. a. O. (Anm. 29); *Brusten*, M.:
A. a. O. (Anm. 124).

besonders für die Freiburger, Hamburger, Kölner, Marburger, Saarbrücker und Tübinger Forschungsvorhaben zu[152]. Auf diese Projekte entfällt ein erheblicher Teil der verausgabten Förderungsmittel.

Beachtet man die nach Ausgangslage, Forschungspotential, Sachlogik und rapiden Theorienwandel notwendigen Anlaufschwierigkeiten sowie die noch zu erwartenden Forschungsergebnisse, dann wird man den bisher erkennbaren Ertrag der *Forschungsarbeit* in den letzten zehn Jahren *insgesamt positiv beurteilen* müssen. Zu einer solchen Würdigung führt vor allem die vergleichende Analyse des gegenwärtigen Forschungsstandes mit der Lage der frühen 60er Jahre[153].

Bei einem so vielschichtigen Problembereich wie der Kriminologie, der im Konfliktfeld mehrerer Disziplinen steht und damit auch der Rivalität von Forschern verschiedener Disziplinen ausgesetzt ist, muß auf breiter Basis und langfristig geforscht werden. Nur bei einer solchen *Forschungsstrategie* kann die *Chance zur Interdisziplinarität*, zur Zusammenarbeit verschiedener Wissenschaften, zumindest eine gewisse Offenheit für Fragestellungen anderer Disziplinen, genutzt werden. Dies ist nicht nur für die Qualität und die Aussagekraft der einzelnen Forschungen wichtig — weil diese nur dadurch der Vielschichtigkeit der Fragestellung gerecht werden können —, sondern auch für die polizeiliche und strafrechtliche Praxis einschließlich Strafvollzug und Bewährungshilfe. Ausschließlich die Förderung, Forschung und Kritik nach interdisziplinären Gesichtspunkten kann Gewähr dafür bieten, daß die relevanten Fragestellungen auf das kriminologische Problemfeld konzentriert werden, der inter-

---

[152] Dazu *Berckhauer*, F. H.: Schwerpunkt „Empirische Kriminologie, einschl. Kriminalsoziologie" der Deutschen Forschungsgemeinschaft (DFG). KrimJ 4 (1972), 155—158; *Feest*, J.: A. a. O. (Anm. 29).

[153] Vgl. *Lange*, R.: A. a. O. (Anm. 113); *ders.:* A. a. O. (Anm. 125) 1961; *Göppinger*, H.: A. a. O. (Anm. 130); *Kaiser*, G.: Moderne Kriminologie und ihre Kritiker. In: Kriminologie morgen. Hamburg 1964, 63 ff.; *Würtenberger*, Th.: A. a. O. (Anm. 1) 1964; *ders.:* A. a. O. (Anm. 30) 1965; *Mergen*, A.: Die tatsächliche Situation der Kriminologie in Deutschland. Hamburg 1964; *Schneider*, H.-J.: Entwicklungstendenzen ausländischer und internationaler Kriminologie. JZ 1966, 369 ff.; *Quensel*, St.: Die Kehrseite der Beccaria-Medaille. MschrKrim 50 (1967), 406 ff., 410, und die Besorgnis der Justizminister des Bundes und der Länder, „daß die deutsche kriminologische Forschung nicht nur ihre ehemals führende Stellung verloren hat, sondern auch in der Gefahr steht, den Anschluß an die internationale kriminologische Forschung zu verlieren" vgl. *Roth*, W.: A. a. O. (Anm. 134).

essierte Forscherkreis über das eigene Vorhaben und Fach hinaus zu schauen lernt und von fremden Fragestellungen Kenntnis nimmt. Andernfalls wäre eine unerwünschte Streuung nach dem „Gieskannenprinzip", ja die Verzettelung der finanziellen Mittel zu befürchten, obschon dies vielleicht für viele Beteiligte „bequemer", weil konfliktärmer wäre. Eine solche Strategie jedoch bedeutete nichts anderes als die Ablehnung, sich der interdisziplinären Kritik dort zu stellen, wo die Problemstellungen nur interdisziplinär angegangen und beurteilt werden können[154]. Im Bereich der Kriminologie als der Wirklichkeitswissenschaft des Strafrechts im weiteren Sinne heißt dies, daß sich Kriminalsoziologie, Kriminalpsychologie und „juristische" Kriminologie jeweils auf ihre Weise mit dem Strafrecht beschäftigen, ohne von anderen Disziplinen Kenntnis nehmen zu müssen, geschweige von ihrem Untersuchungsgegenstand, dem Strafrecht. Das Ergebnis wäre radikale Justizkritik auf der einen und realitätsblinde Selbstverteidigung des Strafrechts auf der anderen Seite. Die Kommunikation sowie gegenseitige Einflußnahme und Bereicherung würden jedoch erheblich erschwert, wenn nicht gar undenkbar. Angesichts der auch im kriminologischen Problemfeld zu beobachtenden Polarisierung würde die ideologische Verzerrung jeden Erkenntnisgewinn in Frage stellen.

Geht man aber vom bisherigen Wissensstand der Kriminologie aus und ferner von der Reformentwicklung im Strafrecht, so bedarf es der *praxisbegleitenden Forschung* und damit der finanziellen Unterstützung[155]. Dies gilt insbesondere für die Erneuerung des Strafvollzuges, aber auch für die Fortentwicklung polizeilicher Techniken und strafrechtlicher Strategien. Die Institutionalisierung der kriminologisch-kriminalistischen Forschung im Bundeskriminalamt liefert dafür ebenso Zeugnis wie die Zusammenarbeit mit dem Berliner Planungsteam „Ursachen und Bekämpfung der Kriminalität".

Diese Planungsstelle wurde 1973 vom Berliner Senat mit dem Auftrag eingesetzt, Konzepte und organisatorische Formen zur

---

[154] Siehe auch *Lepsius*, M. R.: Herausforderung und Förderung der sozialwissenschaftlichen Forschung. Soziale Welt 25 (1974), 1—13; *Holzhey*, H.: A. a. O. (Anm. 149), 117 f.
[155] Dazu *Kaiser*, G.: A. a. O. (Anm. 133), 1975; ferner *Häring*, H.: A. a. O. (Anm. 132); *Roth*, W.: A. a. O. (Anm. 134).

42

Kriminalitätsbekämpfung zu entwickeln. Zum Teil führten die Mitglieder eigene Untersuchungen in Form von Befragungen und Aktenanalysen durch. Die Sekundäranalyse über den gegenwärtigen Wissensstand der Kriminalitätsursachen gaben sie jedoch als Auftrag an die Wissenschaft weiter. Diese Untersuchung wurde am Freiburger Max-Planck-Institut für ausländisches und internationales Strafrecht erarbeitet[156] und ist inzwischen in die Vorschläge des Teams eingegangen[157]. Ganz im Sinne eines kooperativen Modells harren hier also wissenschaftlich aufgearbeitete Daten ihrer praktischen Umsetzung in die Berliner Kriminalitätsbekämpfung.

Vergleicht man die Darstellung des Abschlußberichts und die in der angefügten Analyse erhobenen Einwände jedoch mit der Untersuchung selbst, so werden allerdings auch die besonderen Probleme der „praktischen Aufbereitung" und Umsetzung wissenschaftlicher Daten in die Praxis deutlich. Wenn sich das Planungsteam außerdem von vornherein von der Untersuchung eine „wissenschaftliche Bestätigung der von ihm vorgenommenen Schwerpunktbildung versprach"[158], und diese Erwartung auch erfüllt sieht[159], so zeigt es ferner, wie sehr der Bedarfsforschung mitunter eine legitimierende Funktion für Planung und Entscheidung entnommen wird. Praxisbegleitende Forschung vollzieht sich nicht nur im Arbeitsfeld staatlicher Forschungseinrichtungen. Deshalb sei es erlaubt, im folgenden beispielhaft auf einige in dieser Hinsicht relevante *Untersuchungen unserer Forschungsgruppe „Kriminologie" am Freiburger Max-Planck-Institut* für ausländisches und internationales Strafrecht näher einzugehen.

Wir beabsichtigen, Stück für Stück das Gesamtsystem der Verbrechenskontrolle, dessen Träger und die von ihm Betroffenen in entscheidungsrelevanten Situationen zu erfassen. Wir haben dabei mit dem sogenannten Betriebsjustiz-Projekt als einem Fall privater Verbrechenskontrolle begonnen und es bereits weitgehend abgeschlossen. Aspekte polizeilicher und

[156] *Villmow*, B., G. *Kaiser:* Empirisch gesicherte Erkenntnisse über Ursachen der Kriminalität. Eine problemorientierte Sekundäranalyse. Freiburg 1973.
[157] Vgl. *Planungsteam und Planungsausschuß Berlin:* Verhütung und Bekämpfung der Kriminalität. Abschlußbericht. Berlin 1974, Anhang 1.
[158] *Planungsteam und Planungsausschuß Berlin:* A. a. O. (Anm. 157), 6.
[159] *Planungsteam und Planungsausschuß Berlin:* A. a. O. (Anm. 157), 8.

staatsanwaltlicher Tätigkeit sind als weitere Forschungsprobleme in Angriff genommen worden.

Wir erwarten von unseren Untersuchungen einen Beitrag zur Handhabung der privaten und staatlichen Verbrechenskontrolle, und zwar auf dem Hintergrund von Verbrechensangst, Dunkelfeldkriminalität, Anzeigefreudigkeit und Anzeigeerstattung. Ferner hoffen wir, zu den empirischen Gehalten von Gleichheit und Individualisierung, zur Kriminalitätsstruktur und Kriminalstatistik sowie zu der als kriminell in Betracht kommenden Population genauere Aussagen treffen zu können. Gerade für die letztgenannte Frage ist belangvoll, abzuschätzen, wer und wieviele es verstehen, im sogenannten Dunkelfeld zu bleiben. Wir versuchen mit der Befragung von Tätern, Opfern und Informanten das Dunkelfeld der Kriminalität aufzuhellen. Untersuchungen widmen sich der Opferbefragung in einer Großstadt und umfassend angelegte Erhebungen dem Dunkelfeld in einer Kleinstadt. Die Forschungsergebnisse sollen einerseits mit Persönlichkeitsdimensionen verknüpft und mit den Befunden der strafrechtlichen Sozialkontrolle verglichen werden. Um die Beziehungen der Kriminalität und Verbrechenskontrolle zum Raum zu beachten, sollen ferner die Erhebungen auf Gemeinden unterschiedlicher Größe ausgedehnt werden. Befragungen in mehr als 60 südwestdeutschen Industriebetrieben runden die Forschungen zum Dunkelfeld ab. Bei alledem geht es nicht nur um die Art und Gleichförmigkeit der Handlungsmuster der Verbrechenskontrolle, um deren Einschätzung durch die Bevölkerung sondern auch um die Feststellung von Umfang, Struktur und Bewegung der Dunkelfeldkriminalität und der sie tragenden Population.

Insgesamt wurden im Rahmen der Stuttgarter Opferbefragung 1073 Personen interviewt und auf diese Weise die in den vorausgegangenen 12 Monaten erlittenen Opfersituationen von 1645 Personen erfaßt. Ziel des Projektes war es, zunächst Vergleichsdaten zur Polizeilichen Kriminalstatistik zu erheben, zum anderen die Einstellung der Bevölkerung zur Bedeutung der Kriminalität und ihre Anzeigebereitschaft bei verschiedenen Delikten zu erfahren sowie die Beurteilung der polizeilichen und justiziellen Arbeit durch die Bevölkerung.

Nach dem Ergebnis der Opferbefragungen beträgt der Anteil der Haushalte, deren Mitglieder Opfer einer Straftat wurden,

44

28,9 %. Jedoch wurden 54 % der erfragten Delikte der Polizei nicht mitgeteilt, fanden also auch in die Polizeiliche Kriminalstatistik keinen Eingang. Als Gründe für die Nichtanzeige nannten 40 % der Befragten einen zu geringen Schaden (ein wichtiger Unterschied zu amerikanischen Befragungsergebnissen), ferner ein Viertel die zu geringe Erfolgsaussicht. Ergab sich auch im ganzen gesehen eine etwa 10fach höhere tatsächliche Kriminalitätsbelastung als die registrierte, so waren doch erwartungsgemäß die Unterschiede je nach Deliktstypus beachtlich. Die mangelnde Erfolgsaussicht wird aber anscheinend überwiegend nicht der polizeilichen Ermittlungstätigkeit angelastet, denn 85,4 % der Befragten waren mit der polizeilichen Arbeit zufrieden; nur 4,6 % glaubten, die Polizei habe schlechte Arbeit geleistet. Demgegenüber wurde die gerichtliche Tätigkeit negativer eingeschätzt. Mit den Gerichten waren nur 44,4 % der Befragten zufrieden, während 25,6 % sie „schlecht" beurteilten. Anscheinend steht die polizeiliche Arbeit dem Bürger näher. Denn während sich 30 % der Befragten kein Urteil über die gerichtliche Arbeit zutrauten, betrug der entsprechende Anteil für die polizeiliche Tätigkeit nur 10 %[160].

Forschungsgegenstand unseres Betriebsjustiz-Projektes war ein Teilausschnitt eines großen Bereiches der von der Polizei nicht registrierten Straftaten und seine innerbetriebliche Erledigung. Von den Ergebnissen dieses in drei Einzelerhebungen gegliederten Projektes ist zu erwähnen, daß pro Jahr etwa 20 Straftaten auf 1000 Belegschaftsangehörige entfielen, wobei die Eigentumsdelikte mit 84 % den größten Anteil stellten. Eine grobe Hochrechnung auf Baden-Württemberg ergab, daß jährlich etwa 20.000 in Betrieben registrierte Straftaten der staatlichen Strafverfolgung nicht bekannt werden. Dabei ist das innerbetriebliche Dunkelfeld noch nicht berücksichtigt. Dieses ist jedoch nach der Arbeitnehmerbefragung etwa 10mal so groß wie die Zahl der innerbetrieblich registrierten Delikte. Die Nei-

---

[160] Zum ganzen *Stephan*, E.: Dunkelfeld und registrierte Kriminalität. KrimJ 4 (1972), 115—120; *ders.*: Ausmaß und Einschätzung von Kriminalität. Mitteilungen aus der Max-Planck-Gesellschaft 1974, 97—105; *ders.*: Die Ergebnisse der Stuttgarter Opferbefragung unter Berücksichtigung vergleichbarer amerikanischer Daten. Kriminalstatistik 29 (1975), 201—206; zu einem ähnlichen Forschungsvorhaben siehe *Schwind*, H.-D., *Eger*, H. J.: Zwischenbericht zur Dunkelfeldforschung in Göttingen. Kriminalistik 28 (1974), 241—245.

gung der Betriebe, ihnen bekannt gewordene Delikte zur Anzeige zu bringen, ist bekanntlich gering. Im allgemeinen kommt hier eine eigene betriebliche Sanktionspolitik zur Anwendung, deren häufigste Sanktion die Entlassung ist. Im übrigen ist die Ausgestaltung und die Handhabung der innerbetrieblichen Sanktionspolitik als sogenannte Betriebsjustiz von Betrieb zu Betrieb, insbesondere nach der Größe des Unternehmens, sehr verschieden. Selektive Registrierung und Sanktionierung ist jedoch ebenso wie im Bereich staatlicher Justiz auch bei allen Formen betrieblicher Erledigung zu finden[161].

Alle diese Erhebungen, so kann man vorläufig und verallgemeinernd sagen, sind geeignet, das durch die offizielle Kriminalstatistik vermittelte Bild von der Kriminalität zu ergänzen, aber auch teilweise zu berichtigen[162]. Dies gilt selbst dann, wenn die gängigen Annahmen von der Normalität und Ubiquität von Kriminalität[163] zumindest für das Erwachsenenalter, insbesondere aber für das weibliche Geschlecht, nicht erhärtet werden.

Falls derartige Hypothesen zur Verbreitung von Kriminalität auch nur teilweise zutreffen, ist die Feststellung nicht minder wichtig, wer aus dem beträchtlichen Dunkelfeld-Reservoir der Rechtsbrecher ins Licht gerückt, d. h. entdeckt, angezeigt, verurteilt und schließlich mit Geld- oder Freiheitsstrafen belegt wird. Hierin liegt vor allem die Rechtfertigung für die Frage, wozu wir derartige Informationen brauchen, wenn wir ohnehin schon wissen, daß die Kriminalität zu umfangreich und zu schwer ist. Die Legitimation der Erforschung dieser Fragen liegt außer in dem allgemeinen Erkenntnisinteresse in der praktisch-rechtspolitischen Notwendigkeit zur Filterung im Vor- und Hauptverfahren des Strafprozesses. Dieser Aspekt führt uns zu dem nächsten Forschungsprojekt. Es bezieht sich auf die *Staatsanwaltschaft* und in Verbindung damit auf die *Effizienzanalyse poli-*

[161] Vgl. *Kaiser*, G.: Kriminalität und Verbrechenskontrolle in Industriebetrieben. In: *Kaiser*, G.: Strategien und Prozesse strafrechtlicher Sozialkontrolle. Frankfurt/M. 1972, 100—123; *Feest*, J.: Soziale Kontrolle und abweichendes Verhalten in Betrieben (Betriebsjustiz"). ZStW 85 (1973), 403—431; *ders.*: A. a. O. (Anm. 29); *ders.*: G. *Metzger-Pregizer*: Betriebskriminalität und Betriebsjustiz. KrimJ 4 (1972), 83—93; *Metzger-Pregizer*, G.: Betriebsjustiz. In: *Kaiser*, G., F. *Sack*, H. *Schellhoss* (Hrsg.): Kleines Kriminologisches Wörterbuch. Freiburg 1974, 58—60.
[162] Vgl. dazu die zusammenfassende Bestandsaufnahme bei *Kaiser*, G.: Jugendrecht und Jugendkriminalität. 2. Aufl. Weinheim, Basel 1976.

46

zeilicher Ermittlungstätigkeiten aus der Sicht des späteren Strafverfahrens[164].

Allerdings sind die Probleme der Filterung dem Strafrecht schon seit Einführung der Staatsanwaltschaft im letzten Jahrhundert geläufig. Bereits vor mehr als einhundertfünfzig Jahren wurde sinngemäß auf die skizzierte Bedeutung von Polizei, Justiz und Strafverfahren für Kriminalstatistik und offizielles Bild der Verbrechensentwicklung hingewiesen[165]. Diese frühen Einsichten sind freilich später verloren gegangen. Nicht zuletzt trug dazu die langfristige Beschränkung des kriminologischen Erkenntnisinteresses auf die Persönlichkeit des Rechtsbrechers bei.

Wie wir jedoch zunehmend deutlicher erkennen, dient die Kriminalstatistik nicht nur als ein Indikator, als ein Meßwerkzeug zur Erfassung der Kriminalität, sondern sie liefert zugleich Hinweise für die Handlungsmuster von Polizei und Justiz, und damit auch die sogenannten Selektionsprozesse. In diesem Blickfeld treffen wir auf *zwei wichtige Nahtstellen*[166].

Einmal handelt es sich um Ausmaß und Struktur des Dunkelfeldes, vor allem um die Aussagekraft der offiziellen Kriminalstatistik[167]. Zugleich stellt sich damit die Frage nach dem Übergang vom Dunkelfeld zur amtlich bekannt gewordenen Kriminalität. Einstellungen und Möglichkeiten der Mobilisierung der Öffentlichkeit sind hierfür genauso bedeutsam wie polizeiliche Verdachtsstrategien und die Situation der Anzeigeerstattung. Allerdings hat das neuere polizeisoziologische Schrifttum in Anlehnung an *Skolnick* die polizeiliche Verdachtschöpfung und die

---

[163] Siehe z. B. *Sack*, F.: Dunkelfeld. In: *Kaiser*, G., F. *Sack*, H. *Schellhoss*: Kleines Kriminologisches Wörterbuch. Freiburg 1974, 64—70.

[164] Vgl. *Kaiser*, G.: A. a. O. (Anm. 26) 1971, 905; *ders.*: A. a. O. (Anm. 161) 1972, 78 ff.; *Blankenburg*, E., W. *Steffen*: Der Einfluß sozialer Merkmale von Täter und Opfer auf das Strafverfahren. In: *Blankenburg*, E. (Hrsg.): Empirische Rechtssoziologie. München 1975, 248—268; *Sessar*, K.: Die Staatsanwaltschaft im Prozeß sozialer Kontrolle. In: Mitteilungen aus der Max-Planck-Gesellschaft 1974, 90—96; *ders.*: A. a. O. (Anm. 34), 63 ff.; *Steffen*, W., E. *Blankenburg*: Zur Effizienz polizeilicher Ermittlungstätigkeit aus der Sicht des späteren Strafverfahrens. Schriftenreihe BKA. Wiesbaden 1975.

[165] Vgl. *Mittermaier*, C. J. A.: A. a. O. (Anm. 71); *ders*: A. a. O. (Anm. 13) Bd. 7 (1830), 197—232; Bd. 8 (1830), 190—218.

[166] *Kaiser*, G.: A. a. O. (Anm. 133) 1975.

[167] Siehe *Kerner*, H.-J.: Verbrechenswirklichkeit und Strafverfolgung. München 1973.

„Situation des Verdachts" im Hinblick auf die vermutete Ungleichheit überbetont[168].

Denn wie wir heute wissen, wird die Polizei je nach Deliktstypus nur in 5 bis 15 %/o aller Fälle aufgrund eigenen Verdachts und eigener Initative tätig. 85 bis 95 %/o der Anzeigesachen hingegen werden durch *private Initiative* von Verbrechensopfern und sonstigen Informanten in Gang gesetzt. Schon daran zeigt sich die erheblich geringer ausgeprägte Kontrollintensität bei sogenannten opferlosen Verbrechen. Ferner wird dadurch deutlich, in welchem Ausmaß Opferbefragungen als Beobachtungsmittel der Kriminalität Bedeutung gewinnen. Das Opfer gewinnt also mit seinem Entschluß, Anzeige zu erstatten, erheblichen Einfluß auf Umfang und Struktur der offiziell registrierten Kriminalität. Daneben tritt als weiteres Element der Erfolg des privaten Ersuchens um Aufnahme einer Strafanzeige. Mit diesem *strategischen Vorgang der Anzeigeerstattung* befaßt sich daher ein Freiburger Forschungsprojekt[169]. Untersuchungsgegenstand ist die sich in dem sozialen Prozeß der Anzeigeerstattung vollziehende Interaktion zwischen Verbrechensopfer und Polizeibeamten. Zu diesem Zweck wurde im Wege unverdeckt teilnehmender Beobachtung von Februar bis Oktober 1973 an 80 Tagen und bei rund 650 Stunden die Anzeigesituation auf der Polizeiwache einer südbadischen Mittelstadt beobachtet.

Bekanntlich sind Begriffe wie „zureichende tatsächliche Anhaltspunkte" (§ 152 II StPO) oder „Anfangsverdacht"[170] bislang wenig konkretisiert. Das am Anfang stehende „Herumfragen" ist eine im Gesetz nicht erwähnte Phase, da es sich hier um eine informatorisch, formlose Befragung zur Gewinnung eines Gruppenbildes handelt, ob wirklich der Verdacht einer Straftat besteht, und wer als Beschuldigter oder als Zeuge in Betracht kommt[171]. So gesehen verwundert nicht, daß die einzelnen Sach-

---

[168] Vgl. *Garrett, M.*: The Policeman and his Delinquent. Critical Factors in Police-Juvenile Encounters. Ph. D. 1972 Washington State University; *Feest, J., E. Blankenburg*: A. a. O. (Anm. 148) in Anlehnung an *Skolnick, J. H.*: Justice without Trial: Law Enforcement in Democratic Society. New York, London 1966, 42—62.
[169] *Kürzinger, J.*: A. a. O. (Anm. 148).
[170] *Kleinknecht, Th.*: Strafprozeßordnung, Kurzkommentar. 31. Aufl. München 1974, § 160 StPO, Anm. 1B.
[171] *Kleinknecht, Th.*: A. a. O. (Anm. 170), § 163 StPO, Anm. 1C.

48

verhalte, die zur Anzeige gebracht werden sollen, von der Polizei unterschiedlich verstanden und verfolgt werden. Zum Beispiel war die Verfolgungsintensität bei Anzeigen über Delikte gegen die Person geringer als Anzeigen wegen Eigentums- und Vermögensdelikte. Die Erfolgsaussicht einer Anzeige wurde erheblich von der Schichtzugehörigkeit des Anzeigeerstatters bestimmt; sie war bei sozial höheren Schichten größer als bei Unterschichtangehörigen. Doch entscheidend war dabei nicht so sehr die soziale Stellung des Anzeigeerstatters als vielmehr der dargebotene Sachverhalt in der potentiellen Anzeigeerstattungssituation. Überdies zeigen Unterschichtangehörige signifikant häufiger Delikte gegen die Person an, während Mitglieder höherer Schichten vornehmlich Anzeige über Eigentums- und Vermögensdelikte erstatten. Nach dem gegenwärtigen Stand der Untersuchung ist noch nicht zu entscheiden, ob letztlich die soziale Stellung des Anzeigeerstatters oder der dargebotene Sachverhalt für das polizeiliche Handeln ausschlaggebend ist. Im übrigen zeigt die Untersuchung, daß anscheinend Beamte um so häufiger Strafanzeigen entgegennehmen, je jünger und rangniedriger sie sind. Um den sozialen Hintergrund des Anzeigeverhaltens von privaten Personen sichtbar zu machen, wurden in einer Nacherhebung an 300 Probanden die aktuellen Gründe für eine Strafanzeige untersucht.

In einem weiteren Projekt versuchen wir, die Erwartungen der Bevölkerung gegenüber der Polizei und deren Inanspruchnahme noch weiter zu konkretisieren[172]. Wenn man nämlich den gesamten Kriminalisierungsprozeß als eine soziale Einrichtung versteht, sind die Einstellungen der Bürger über die Träger der Verbrechenskontrolle, und so auch über die Polizei, für die Herausbildung von Verhaltensregelmäßigkeiten sehr bedeutsam. Daher gehört zu dem Hauptgegenstand der Studie die Vorstellung der Befragten darüber, was sie als Verbrechen betrachten und behandeln. Allgemeine Fragen zielen daher auf Situationen,

---

[172] Vgl. *Macnaughton-Smith*, P.: Vorstellungen der Bevölkerung über kriminalisierbare Situationen. KrimJ 6 (1974), 217—223; ferner generell *Fürstenberg*, F., Ch. F. *Wellford*: Calling the Police: The Evaluation of Police Service. Law and Society Review 7 (1973), 393—406; *Hawkins*, R. O.: Who called the Cops?: Decisions to Report Criminal Victimization. Law and Society Review 7 (1973), 427—444; *Reiss*, A. J.: The Police and the Public. New Haven, London 1973; *Belson*, W. A.: The Public and the Police. London 1975.

die als „polizeibedürftig" angesehen werden, und zwar ohne
daß den Befragten präzise Definitionen von Begriffen wie Straftat oder Verbrechen oder bestimmte Deliktsbegriffe vorgegeben
werden. Zum anderen geht es darum zu erkunden, unter welchen Umständen und in welchen Situationen die Bürger die
Polizei verständigen oder in Anspruch nehmen.

Zum anderen handelt es sich um den Übergang von der
Anzeigestatistik zur Verurteiltenstatistik. Hier suchen, wie bereits erwähnt, Staatsanwaltschaftsprojekt und Forschungsvorhaben über die Effizienz der polizeilichen Aufklärungsarbeit
aus der Sicht des späteren Strafverfahrens Licht in die Muster
und Modalitäten der Entscheidung zu bringen. Beide Aspekte
verbindet die *zentrale Frage danach, wer* aus dem riesigen
Reservoir der Rechtsbrecher, also aus dem Dunkelfeld, aus-
gelesen und am Ende dieses Prozesses mit dem Etikett „kriminell" versehen wird. Die aus solchem Vorgehen folgenden
sozialen Konsequenzen für den Einzelnen einerseits, und die
Frage nach der Effizienz der strafrechtlichen Sozialkontrolle
andererseits, verbindet die Teilaspekte und macht deren Erforschung notwendig.

Dem Bereich der Sanktionspraxis wenden wir uns mit unserem Geldstrafenprojekt zu. Dabei handelt es sich vornehmlich
um die *Handhabung der Geldstrafe* als Sanktion in ihrer Anwendung auf delikts- und täterspezifische Schwerpunkte[173].
Außerdem sollen die Modalitäten der Vollstreckung und das
Problem der Ersatzfreiheitsstrafe untersucht werden. Die weiteren spezial- und generalpräventiv gerichteten Erhebungen über
die Sanktionspraxis anhand der Geldstrafe können für Polizei,
Justiz und Gesetzgebung von Bedeutung sein.

---

[173] Allgemein zur Problematik *Kaiser*, G.: A. a. O. (Anm. 2), 175, 202;
Softley, R.: A. Survey of Fine Enforcement. London 1973; *Grebing*, G.: Die
Geldstrafe (Tagung für Rechtsvergleichung 1973 vom 19.—22. September
1973 in Hamburg. Bericht über die Arbeitssitzung der Fachgruppe Strafrechtsvergleichung vom 21. September 1973) ZfRV 15 (1974), 28—39;
Johnson, E. H.: Crime, Corrections and Society. 3rd Ed. Homewood/Ill.
1974, 304; *Tröndle*, H.: Die Geldstrafe in der Praxis und Probleme ihrer
Durchsetzung unter besonderer Berücksichtigung des Tagessatzsystems.
ZStW 86 (1974), 545—594; *Zipf*, H.: Probleme der Neuregelung der Geldstrafe in Deutschland. ZStW 86 (1974), 513—544; *Kupke*, R.: Die Geldstrafe im System strafrechtlicher Sanktionierung. Unveröffentlichter For-
schungsplan. Freiburg 1975.

50

Ferner bedarf die *Wirtschaftskriminalität* über die bisher ermutigenden Beiträge hinaus der empirischen Erforschung. Nur auf diese Weise kann die gegenwärtige Diskussion, orientiert am sozialkritischen Konzept des White-Collar-Crime, über Ideologie und Spekulation hinausgelangen. Im Rahmen des Projekts Wirtschaftskriminalität interessiert uns daher neben allgemeinen Fragen nach Umfang und Struktur der Wirtschaftsdelikte[174] besonders die Bewältigung der Wirtschaftskriminalität im administrativen Bereich, die Zusammenarbeit zwischen den verschiedenen mit der Sache befaßten Behörden sowie der Einfluß der Anzeigefreudigkeit[175].

Die *Auflösung des Gesamtspektrums von Verbrechen und Verbrechenskontrolle* weist also auf mehrere forschungsbedürftige Einzelprobleme. Zu ihnen zählen Dunkelfeld, Anzeigeerstatter, Polizei und Staatsanwaltschaft sowie als Fall der Effizienzkontrolle strafrechtlicher Sanktionierungsstrategie die Analyse über die Wirkungsweise der Geldstrafe. Die genannten Einzelaspekte werden teilweise ergänzt durch Untersuchungen über Betriebskriminalität und Betriebsjustiz sowie kriminalphänomenologisch vertieft durch Erhebungen über die Gewalt- und Wirtschaftskriminalität. Hier ergibt sich außerdem ein Praxisbezug durch die temporäre Übernahme eines Auftrages, der sich mit der bundesweiten Erfassung von Wirtschaftsdelikten durch die Justizverwaltungen befaßt. Nach dem Programm unserer Forschungsgruppe werden die genannten Fragen — nicht zuletzt mit finanzieller Unterstützung der DFG — sämtlich empirisch untersucht, nicht selten von ganz verschiedenen Seiten.

[174] *Kaiser*, G.: A. a. O. (Anm. 2), 170 ff.; *Berckhauer*, F. H., H. *Kury:* Die Strafverfolgung bei Wirtschaftsdelikten in der Bundesrepublik Deutschland. Unveröffentlichter Projektentwurf. Freiburg 1975; siehe auch *Tiedemann*, K. (Hrsg.): Die Verbrechen in der Wirtschaft. 2. Aufl. Karlsruhe 1972; *ders.:* Subventionskriminalität in der Bundesrepublik. Reinbek bei Hamburg 1974; *Opp.* K. D.: Soziologie der Wirtschaftskriminalität. München 1975, und *Schneider*, H. J.: Wirtschaftskriminalität. HWKrim 3 (1975), 656—668.

[175] So entfielen z. B. 1973 31,4 % der gesamten registrierten Wirtschaftsdelikte in der Bundesrepublik auf Baden-Württemberg, obwohl der Anteil dieses Bundeslandes an allen anderen Straftaten mit 12,1 % deutlich unter dem Bevölkerungsanteil von 14,9 % liegt. Dieser Umstand veranlaßte den baden-württembergischen Innenminister *Schieß* zu der Annahme, die unterschiedliche Größe der Deliktsanteile sei auf eine verstärkte Anzeigefreudigkeit der „kleinlicheren Schwaben" zurückzuführen, weil „die Baden-Württemberger ... doch im Prinzip keine schlechteren Menschen seien"; vgl. FAZ Nr. 227 v. 1. 10. 1974.

Interdisziplinäres Vorgehen und wechselseitige Kritik lassen zwar so verstandene kriminologische Forschung zu einer ständigen Aufgabe der Arbeitsgruppe werden. Im Hinblick auf den erwarteten Ertrag sind wir dieses Wagnis jedoch bewußt eingegangen.

· Im weiteren kriminologischen Forschungsfeld bedürfen Minderheiten und Gastarbeiter und die mit ihnen auftretenden Probleme fortlaufender Untersuchung, vor allem in einer Phase wirtschaftlicher Rezession. Aber auch die traditionellen Probleme der Persönlichkeitsforschung und der Umsetzung kriminologischer Erkenntnis in die rechts- und sozialpolitische Praxis sollten unter Beachtung moderner Denkweisen und Verfahrenstechniken weiter betrieben werden.

Fragt man danach, *für wen und wozu kriminologisch geforscht* werden soll, wem also die Forschungsergebnisse nützen können[176], so ist erwartungsgemäß an erster Linie an die Kriminologie selbst zu denken, vor allem an die Steigerung und Vertiefung ihres Wissens. Da aber ein erheblicher Teil der Projekte praxisbezogen ist, kommen die Befunde auch der Praxis zugute[177]. Dies trifft besonders für den Strafvollzug und die Behandlungsforschung zu. Die Forschungsergebnisse dienen der Anbahnung und Lösung praktischer Aufgaben mitunter selbst dann noch, wenn die Projekte partiell gescheitert sind.

Im übrigen werden besonders junge Juristen gefördert. Denn sie halten vornehmlich auf diese Weise Gelegenheit, sich empirisch zu orientieren, sich fortzubilden und dadurch ebenso das Strafrecht für empirische Fragestellungen zu öffnen, wie andererseits Forscher der empirischen Grundwissenschaften mit den besonderen Aufgaben und Problemen des Strafrechts vertraut zu machen. Diese Mittler- und Sozialisationsfunktion kann in ihrer Bedeutung und Fruchtbarkeit nicht hoch genug veranschlagt werden.

Schließlich darf man als Nebenergebnis der Institutionalisierung kriminologischer Forschung nicht außer Betracht lassen, daß eine Reihe von jungen Kriminologen, die später in die Lehre an der Universität abgewandert sind, zunächst im Rah-

---

[176] *Kaiser*, G.: A. a. O. (Anm. 2), 10, 12; vgl. allgemein *Leferenz*, H.: Aufgaben einer modernen Kriminologie. Karlsruhe 1967.

[177] Dazu *Villmow*, B., G. *Kaiser:* A. a. O. (Anm. 156); *Gemmer*, K. H.: A. a. O. (Anm. 131); *Kaiser*, G.: A. a. O. (Anm. 133) 1975.

men der Forschung tätig waren und von dort aus in ihrem Werdegang entscheidend beeinflußt und gefördert wurden.

4. Kritische Bestandsaufnahme

Bei der *Betrachtung des Forschungsinhalts* fällt allen zeitgebundenen Tendenzen zum Trotz das weite Spektrum in der Thematik auf[178]. So finden wir Untersuchungen zum Problembereich Dunkelfeld, Opferbefragung, Anzeigeerstattung, Kriminalstatistik und Kriminalgeographie, ferner private und polizeiliche Ermittlungstätigkeit, Aufklärungsrate, Handlungsmuster der Staatsanwaltschaft und der Strafjustiz sowie Institutions- und Interaktionsanalysen im Strafvollzug.

Im Bereich kriminalphänomenologischer Betrachtung sehen wir Erhebungen zur Drogenkriminalität, zur Gewaltkriminalität, zur Sexual-, Verkehrs- und Wirtschaftskriminalität einschl. der Subventionsdelikte[178a].

Aber auch soziale Randgruppen wie Fürsorgezöglinge, Obdachlose, Geisteskranke und Gemeinlästige stehen neben der Jugend- und Ausländerkriminalität im Blickpunkt. Längsschnittuntersuchungen zur Persönlichkeit des Rechtsbrechers, zur Kriminalprognose und zur Sanktionsforschung, namentlich im jugendstrafrechtlichen Bereich schließen sich an. Probleme des Sachverständigen, schon seit langer Zeit in der Diskussion, rücken unter rollenanalytischen und Legitimationsaspekten erneut ins Blickfeld. Zwischen Tat und Täter einerseits und den Instanzen strafrechtlicher Sozialkontrolle andererseits markiert der Sachverständige den Übergang zu Interaktions- und Institutionsanalysen im Strafvollzug und in der Behandlungsforschung, in der Praxis der Strafbemessung und schließlich der

---

[178] Vgl. dazu die Überblicke bei *Würtenberger*, Th.: A. a. O. (Anm. 30) 1965, 1969; *ders.:* A. a. O. (Anm. 1) 1969; *ders.:* A. a. O. (Anm. 30) 1971; *Göppinger*, H.: A. a. O. (Anm. 130) 1970; *Kaiser*, G.: A. a. O. (Anm. 133) 1971; ferner die *DFG Jahresberichte* a. a. O. (Anm. 138) und die v. *Bundesministerium der Justiz* herausgegebene Dokumentation Rechtstatsachenforschung, Kriminologie a. a. O. (Anm. 143). Den größten Anteil der in dieser Dokumentation enthaltenen Untersuchungen nehmen Arbeiten über Aspekte der Täterpersönlichkeit und zur Kriminologie der Einzeldelikte ein. 41 von 153 erfaßten Untersuchungen (= 26,8 %) beschäftigen sich mit diesem Thema, zu 59 % als Arbeiten von Einzelforschern. Das geringste Interesse besteht offenbar an Fragen der Kriminalgeographie und der Verbrechensverhütung. Hierzu wurden nur je 2 Untersuchungen (1,3 %) genannt.
[178a] Vgl. *Tiedemann*, K.: A. a. O. (Anm. 174).

Polizei. Gerade dieser Gegenstand, vor wenigen Jahren in der Forschung hierzulande noch so gut wie unbekannt[179], findet seit zwei Jahrzehnten international wachsende Beachtung[180]. Rechtstatsachenforschung im Strafverfahren[181] und kriminologisch-kriminalistische Forschung runden das Spektrum ab.

Wir sehen also in der Kriminologie ein *facettenreiches Bild empirischer Forschung*. Dieses umfaßt sowohl Erhebungen über einzelne kriminelle Verhaltensweisen, über Täterpersönlichkeit und Tätergruppen, als auch über Struktur und Handlungsmuster von Einrichtungen der Verbrechenskontrolle. So gesehen läßt sich feststellen, daß der kriminologische Forschungsbereich erweitert, ausgedehnt und vertieft worden ist. Neben der Anpassung an die aktuellen Gegenwartsbedürfnisse können wir die Tendenz wahrnehmen, den Beobachtungsbereich vorzuverlagern, also vom Strafvollzug zum Strafverfahren und weiter nach vorn zur Situation der Verbrechensbegehung und Anzeigeerstattung. Nach Fragestellung und Methodik handelt es sich durchweg um aktuelle kriminologische Aufgaben, die verglichen mit der Zeit vor zehn Jahren der Erforschung dringend bedurften und sie auch weiterhin erfordern.

---

[179] Vgl. *Feest, J., R. Lautmann* (Hrsg.): Die Polizei. Soziologische Studien und Forschungsberichte. Opladen 1971; *ders., E. Blankenburg:* A. a. O. (Anm. 148).

[180] *Westley, W. A.:* The Police: A Sociological Study of Law, Custom and Morality. Unpublished Diss. Chicago 1951; Neuerscheinung: Violence and the Police. A Sociological Study of Law, Custom and Morality. Cambridge/Mass. 1970; *Manning, P. K.:* Observing the Police. Deviants, Respectables and the Law. In: Douglas, D. (Ed.): Research on Deviance. New York 1972, 213 ff.: *Kürzinger, J.:* A. a. O. (Anm. 148); *Steffen, W., E. Blankenburg:* A. a. O. (Anm. 164); *Arbeitskreis Junger Kriminologen* (Hrsg.): Die Polizei. Eine Institution öffentlicher Gewalt. Analysen, Kritik, empirische Daten. Neuwied, Berlin 1975; *Belson, W. A.:* A. a. O. (Anm. 172).

[181] Dazu *Kaiser, G.:* Strafprozeßreform und Strafzumessung. In: Kaiser, G.: Strategien und Prozesse strafrechtlicher Sozialkontrolle. Frankfurt/M. 1972, 71—99; *ders.:* A. a. O. (Anm. 34); *Zipf, H.:* Kriminalpolitik. Karlsruhe 1973, 88; *Peters, K.:* Fehlerquellen im Strafprozeß. Eine Untersuchung der Wiederaufnahmeverfahren in der Bundesrepublik Deutschland. Karlsruhe 1972; *ders.:* Strafprozeß und Tatsachenforschung. In: Roxin, C. u. a. (Hrsg.): Grundfragen der gesamten Strafrechtswissenschaft. Festschrift für H. *Henkel.* Berlin 1974, 253—271; *Schöch, H.:* Strafzumessungspraxis und Verkehrsdelinquenz. Stuttgart 1973; *Jescheck, H. H.:* Rechtsvergleichung als Grundlage der Strafprozeßreform. In: Lüttger, H. (Hrsg.): Probleme der Strafprozeßreform. Berlin, New York 1975, 7—28, 10; *Roxin, C.:* Die Reform der Hauptverhandlung im deutschen Strafprozeß. In: Lüttger, H. (Hrsg.): A. a. O., 52—72; *Kaufmann, H.:* Jugendliche Rechtsbrecher und ihre Verfahren. München 1975.

54

Die Analyse der kriminologischen Forschung in Deutschland gewinnt an Überzeugungskraft, wenn sie die Bestandsaufnahme an der Ausgewogenheit der in Angriff genommenen Forschungsprobleme, an den Erwartungen von Staat und Gesellschaft und an der internationalen Prioritätenliste zu messen sucht.

Auch wenn die vergleichbare Lage in ausländischen Staaten von der Situation in Deutschland abweicht, so fragen wir danach, wo wir stehen. *Was ist unser Haben und inwieweit befinden wir uns im Soll?*

Dabei ist das bilanzierende Verweilen und die Orientierungssuche weder eine kriminologische noch eine deutsche Eigenheit. Prioritäten der Forschungspolitik stehen seit Jahren auf der Tagesordnung, wo es um Fragen der Planung und Organisation von Forschung bei stets begrenzten Mitteln geht. Die Kriminologie bildet hier keine Ausnahme. So kennen wir auch in unserem Wissenschaftsbereich zahlreiche Situationsanalysen. Diese Bestandsaufnahmen beginnen mit den zusammenfassenden Betrachtungen von *Bader* und *Frey* Anfang der 50er Jahre[182], welche die erste Phase kriminologischen Forschens abschließen. Sie reichen über die Untersuchungen zur Lage der Kriminologie von *Göppinger*, *Mergen* und *Würtenberger*[183] bis zu den zehn kriminologischen Lehrbüchern des letzten Jahrzehnts[184].

Im ganzen gesehen erscheinen die neueren Forschungsergebnisse und „Entdeckungen" trotz der Qualität einzelner Arbeiten noch knapp und mager. Daher kann man von ihnen keine überragende Erkenntnis gewinnen oder gar einen „epochalen Durchbruch" erwarten. Wahrscheinlich ist ein solcher Fortschritt im Bereich der Kriminologie überhaupt unmöglich. Denn die gesellschaftlichen und die politischen Implikationen der Verbrechensanalyse sowie der schnelle Wandel wissenschaftlicher Fragestellungen in den Human- und Sozialwissenschaften lassen

---

[182] *Frey*, E.: A. a. O. (Anm. 19); *Bader*, K. S.: A. a. O. (Anm. 19).
[183] *Göppinger*, H.: A. a. O. (Anm. 130); *Mergen*, A.: A. a. O. (Anm. 153); *Würtenberger*, Th.: A. a. O. (Anm. 1).
[184] *Mergen*, A.: Die Kriminologie. Berlin, Frankfurt/M. 1967; *Lange*, R.: A. a. O. (Anm. 125) 1970; *Buchholz*, E., *R. Hartmann*, *J. Lekschas*, *E. Stiller*: Sozialistische Kriminologie. 2. Aufl. Berlin 1971; *Kaufmann*, H.: Kriminologie 1. Entstehungszusammenhänge des Verbrechens. Stuttgart 1971; *Eisenberg*, K.: A. a. O. (Anm. 40); *Kaiser*, G.: A. a. O. (Anm. 2); *Göppinger*, H.: A. a. O. (Anm. 11); *Brauneck*, A. E.: A. a. O. (Anm. 11); *Mannheim*, H.: A. a. O. (Anm. 11); *Schneider*, H. J.: Kriminologie. Berlin, New York 1974.

eine derartige Einschätzung gar nicht zu, etwa im Gegensatz zur Medizin oder zu den Naturwissenschaften[185]. Gleichwohl haben sich aufgrund der Institutionalisierung und breiten Rezeption angloamerikanischen Denkens eine Reihe von Veränderungen ergeben, die man vielleicht als Erkenntnisfortschritte ansprechen darf.

4.1. Wandlungen und Fortschritte

Vergleicht man den Stand der kriminologischen Forschung heute mit jenem der 60er Jahre, so kann man folgende Wandlungen feststellen:

1. *Die Herausbildung selbständig organisierter Forschung.* Im Gegensatz zu früher bestehen heute im Bundesgebiet mehrere, zum Teil interdisziplinär zusammengesetzte Forschungsgruppen. Damit sind Interdisziplinarität, Teamarbeit und Forschungspluralismus zu festen Bestandteilen geworden und haben dazu beigetragen, überhaupt erst einmal die wissenschaftlich kompetente Öffentlichkeit herzustellen.

2. Die kriminologische Forschung in Deutschland ist vielfältig und weitgespannt. Sie ist theoretisch und praxisbezogen. Ihr *Forschungsspektrum hat sich geweitet.* Sie hat neue Perspektiven integrierend aufgenommen.

3. Es sind *Forschungsprobleme* untersucht und in Angriff genommen, die früher hierzulande unbekannt waren. Dazu zählen z. B. die in die kriminologische Forschung eingebettete Chromosomenanalyse, ferner die Untersuchung der Kriminalitätsstruktur der einzelnen Bundesländer, die systematische Dunkelfeldforschung durch Täter- und Opferbefragung, die Untersuchung der Situation der Anzeigeerstattung sowie praxisbegleitende Untersuchungen in den Bereichen von Polizei, Staatsanwaltschaft, Rechtspflege und Strafvollzug, ferner die organisationssoziologische Untersuchung dieser Institutionen und der Zusammenhänge zwischen ihnen, einschl. von Schule und Jugenddelinquenz.

---

[185] Dazu *Jöhr*, W. A.: Fortschrittsglaube und die Idee der Rückkehr in den Sozialwissenschaften. Tübingen 1964 neuerdings *Mergen*, A.: Verunsicherte Kriminologie. Hamburg 1975.

4. Besondere Aufmerksamkeit wird der *Behandlungsforschung* an Straftätern und Sozialauffälligen geschenkt. Diesem Problembereich sind allein ein Viertel der Forschungsprojekte in den letzten Jahren zuzurechnen.

5. Die kriminologischen *Vorgehensweisen* und methodischen Qualitäten haben sich verbessert. Ebenso wie die Einzelfallstudie ist auch die früher vorherrschend praktizierte Aktenanalyse in der kriminologischen Forschung zurückgetreten zugunsten von Verfahrenstechniken, die den Human- und Sozialwissenschaften entstammen. Aber auch soweit die Aktenuntersuchung noch angewandt wird, ist sie als Dokumentenanalyse mit anderen Verfahrenstechniken kombiniert und verbessert worden.

6. Spezielle Untersuchungen widmen sich der Entwicklung und Anwendung neuer *Forschungsinstrumente*. Zu ihnen gehören die teilnehmende Beobachtung ebenso wie die Gruppendiskussion und die Verknüpfung mehrerer Techniken, etwa von Befragung, Dokumentenanalyse, Testdiagnostik und Extremgruppenvergleich. Auf diese Weise ist zu erwarten, daß die Täterpersönlichkeit und andere komplexe Probleme angemessener als bisher erforscht werden können. Das gleiche gilt für die Aussagekraft der Kriminalstatistik und das Ausmaß des Kriminalitätsumfanges.

7. Die Institutionalisierung der Kriminologie in dem letzten Jahrzehnt hat es ermöglicht, daß jüngere *Kriminologen ausgebildet* wurden und später in die Lehre abwandern konnten.

8. Insgesamt gesehen ergibt die Situationsanalyse einen höheren Grad an Institutionalisierung und Problematisierung, zum Teil auch Erkenntnisgewinn.

9. Der *Vergleich mit dem Ausland* zeigt zunächst einmal das Nach- und Aufholen von Wissen, Methoden und deren Verarbeitung durch Anpassung an deutsche Verhältnisse. Die Bedeutung dieser Rezeption äußert sich in einer Experimentierphase, in der Verknüpfung verschiedener Denkweisen und Verfahrenstechniken. *Mannheim* vertritt in der posthum erschienenen deutschen Übersetzung seines Werkes „Comparative Criminology" in dem Schlußkapitel überdies die Meinung, daß neueste europäische und

auch deutsche Arbeiten nur wenige Gegenstücke in den Vereinigten Staaten hätten[186]. Daher müßten sich die westeuropäischen Kriminologen die Entwicklung der nordamerikanischen Kriminologie und der mit ihr auf das Engste verbundenen Soziologie zum Vorbild und als Warnung dienen lassen. Entsprechend den unterschiedlich liegenden Kriminalitätsproblemen und der verschiedenen starken Problematisierung haben sich nämlich die kriminologischen Arbeitsfelder in den einzelnen Staaten, insbesondere in Nordamerika und Deutschland, unterschiedlich entwickelt.

So wird in Deutschland Betriebs- und Verkehrskriminalität, aber auch die Alleintäterschaft stärker beachtet als in den USA. Auch sucht man nach Studien über Einzeldelikte wie z. B. der Erpressung, dem Bankraub, die Verkehrsdelinquenz dort nahezu vergebens. Für das „politische Verbrechen" haben europäische Kriminologen von jeher mehr Interesse gezeigt als die Angloamerikaner, die diesen Gegenstand kriminologischer Forschung erst jetzt zu entdecken scheinen[187].

Die Vereinigten Staaten wiederum verfügen in der Erforschung der Bandendelinquenz über eine lange Tradition, ebenso beim organisierten Verbrechen und der Gewaltkriminalität. Ferner zeigt sich auf dem Gebiet der Organisations- und Systemanalyse sowie bei dem Einsatz der ökonomischen Instrumente die Überlegenheit der amerikanischen Forschung[188]. Allerdings liegt hier wie auch im Bereich der Dunkelfeldforschung in den USA ein stärkeres Bedürfnis vor, die kriminalstatistisch nicht genügend aufbereiteten Kriminalitätsdaten besser erkennbar und durchsichtig zu gestalten.

Neuerdings jedoch werden die Unterschiede im Forschungsstand langsam eingeebnet. Dies kann man bei-

---

[186] *Mannheim*, H.: A. a. O. (Anm. 11), 868.

[187] Vgl. *Berckhauer*, F. H.: Politische Delikte. In: *Kaiser*, G., F. *Sack*, H. *Schellhoss* (Hrsg.): Kleines Kriminologisches Wörterbuch Freiburg 1974, 243—247; *Schafer*, S.: The Political Criminal. The Problem of Morality and Crime. New York, London 1974, 7 ff.

[188] Vgl. z. B. *Blumstein*, A.: Systems Analysis and the Criminal Justice System. The Annals 374 (1967), 93—100; *ders.:* Management Science, Social Systems, and the Criminal Justice System. Pittsburgh/Penn. 1972.

spielhaft daran erkennen, daß wir hierzulande in manchen Vorgehensweisen nicht nur mit den Amerikanern Schritt zu halten vermögen, sondern auch in der Lage sind, Forschungstrends oder die Kombination von Forschungswegen zu antizipieren[189]. In der Strafvollzugsforschung ergibt sich ein ähnlicher Trend, wobei man allerdings die unterschiedlich hohen Raten von Strafgefangenen und Untersuchungshäftlingen sowie die sonstigen Mängel der amerikanischen Justizadministration[190] als Indikatoren für dringliche Forschungsprobleme nicht außer Betracht lassen darf. Die Rezeption der amerikanischen Gefängnissoziologie sowie englischer und amerikanischer Behandlungsstudien bedeutet auch hier, trotz etwas anderer Problemlage[191], eine Angleichung des Forschungsstandes im angloamerikanischen und deutschen Sprachbereich. Wie in Bildungsforschung, Politikwissenschaft, Rechtswissenschaft, Soziologie und Verhaltensforschung gewinnt auch in der Kriminologie die komparative Untersuchung zunehmend größere Bedeutung. Internationale Vergleiche über Kriminalitätsbelastungen, über Einrichtungen und Vorgehensweisen der strafrechtlichen Sozialkontrolle, können den Erkenntnisstand heben und die kriminologische Theoriebildung im Hinblick auf ihre Verallgemeinerungsfähigkeit fördern.

10. Zur Beurteilung der *Resonanz deutscher Forschungsergebnisse im Ausland* ist die Zeit der modernen Forschungsentwicklung noch zu kurz. Im übrigen spielt in den Human- und Sozialwissenschaften, im Gegensatz zu den Naturwissenschaften, auch die sprachliche Kommunikationsmöglichkeit und aus historischen Gründen der Erwartungshorizont des Auslandes gegenüber deutscher Kriminologie entscheidend mit. Belastungen der Vergangenheit konnten erst allmählich abgetragen werden. Jedoch ist

---

[189] Siehe *Feyerherm*, W. A., M. J. *Hindelang*: On the Victimization of Juveniles: Some Preliminary Results. Journal of Research in Crime and Delinquency 11 (1974), 40—50; *Stephan*, E.: A. a. O. (Anm. 160).
[190] Dazu *Reckless*, W. C.: American Crminology. New Directions. New York 1973.
[191] *Kraschutzki*, H.: Die Schlacht um Attica. ZfStVollz 21 (1972), 27 f.; *Reckless*, W. C.: A. a. O. (Anm. 190), 404 ff.; ferner *Kaiser*, G., H. *Schöch*, H.-H. *Eidt*, H.-J. *Kerner*: A. a. O. (Anm. 57).

aus internationalen Kolloquien und Arbeitstagungen bekannt, daß auch im Ausland für eine Reihe von Forschungen in Deutschland reges Interesse besteht. Diesen Eindruck bestätigen persönliche Begegnungen mit ausländischen Wissenschaftlern, Anfragen aus dem Ausland sowie die Widergabe deutscher Forschungsprojekte in ausländischen Zeitschriften[192].

Gleichwohl lassen sich die Schwächen und Defekte in Entwicklung und Struktur der Forschung nicht übersehen.

4.2. Mängel und Dilemmas der Forschung

Schon dem Postulat oder Paradigma einer international „vergleichenden Kriminologie"[193] stehen etliche Hindernisse im Wege. Als erstes ist hier die *mangelnde Vergleichbarkeit* der nationalen Kriminalitätsstatistiken zu nennen[194]. Eine Angleichung der nationalen Statistiken, für einen Teilbereich der Kriminologie ein grundlegendes Meßinstrument, ist bis heute nicht erfolgt. Außer durch die unterschiedliche Struktur der nationalen Strafgesetze sowie durch die Unterschiede in Aufbau und Handlungsmustern der Kontrollinstanzen wird diese Problematik noch dadurch verschärft, daß die kriminalstatistischen Daten sehr unterschiedlich aufbereitet werden. In einzelnen Staaten, z. B. in der Schweiz, fehlt zudem eine statistische Erfassung der polizeilich angezeigten Täter auf nationaler Ebene. Ist es schon mit den klassischen Meßinstrumenten der Kriminologie, der Verurteilten- und Polizeistatistik, sehr schlecht bestellt, so liegt die statistische Erfassung anderer Bereiche wie z. B. des Strafvollzuges, der Jugendhilfemaßnahmen und -institutionen noch mehr im Argen.

---

[192] Vgl. z. B. *Hess*, A. G.: National Survey: Crime and Delinquency Research Comes down from Ivory Tower. In: Criminal Justice Newsletter 3 (1972) 17, 20 f., 26, 29—31, 68 f.
[193] *Glueck*, S.: Wanted: A Comparative Criminology (1960). In: Glueck, S. and E. *Glueck*: Ventures in Criminology. London 1964, 304—322; *Mannheim*, H.: A. a. O. (Anm. 11); *Cristie*, N.: A. a. O. (Anm. 82); *Szabo*, D.: Comparative Criminology. Significance and Tasks. Montreal 1973; *Kaiser*, G.: Strafrechtsvergleichung und vergleichende Kriminologie. In: Colloquium zum 60. Geburtstag von Hans-Heinrich *Jescheck* im MPI Freiburg. Freiburg 1975 (im Erscheinen).
[194] Dazu *Collmann*, H.-J.: Internationale Kriminalstatistik. Geschichtliche Entwicklung und gegenwärtiger Stand. Stuttgart 1973.

Aber auch in anderer Hinsicht befriedigt die Lage wenig. Trotz des in seinen Tendenzen und Verästelungen gegenwärtig kaum überblickbaren Bestandes an kriminologischer Forschung, die in der Förderungsübersicht des DFG-Schwerpunktes „Empirische Kriminologie einschließlich Kriminalsoziologie" nur teilweise Ausdruck findet, lassen sich die *Lücken, Schwierigkeiten und unerwünschten Nebenwirkungen* nicht verkennen.

Es handelt sich hierbei vor allem um die Zurückhaltung gegenüber praxisbezogener Forschung, nicht zuletzt wegen der Gefahr, daß sie als theorielos verdächtigt wird. Nur so ist es wohl zu verstehen, daß paradoxerweise eine Zeit, die mehr als zuvor das *Verhältnis von Theorie und Praxis* zum Inhalt ihrer Überlegungen macht[195], die gegenwärtige Distanznahme zwischen Praxis und Wissenschaft noch vergrößert hat. Die Gründe hierfür liegen auf seiten der jüngeren Wissenschaftler besonders gegenüber dem technokratischen Modell in den Vorbehalten gegenüber Macht und Herrschaft, in der Soziologisierung der Verbrechensbetrachtung, ferner in dem beanspruchten Entzauberungsinteresse und in der distanziert-kritischen Funktion gegenüber denjenigen, welche die Rolle der Verbrechenskontrolle ausüben. Obwohl Distanz und Spannungen zwischen Praxis und Wissenschaft strukturell angelegt und notwendig sind, wenn jede Seite die ihr obliegenden Aufgaben angemessen lösen will, ist doch das Konfliktpotential so groß, daß eine fruchtbare Zusammenarbeit zwischen Wissenschaft und Praxis weithin unmöglich, zumindest aber erschwert wird.

Obwohl z. B. der *Strafvollzug* in Theorie und empirischer Forschung eine Blickschärfung erfahren hat wie hierzulande nie zuvor[196], fehlt es noch immer an den einfachsten Informationen. So sagt bislang keine Untersuchung, wieviel von jenen, die jährlich zu Freiheitsstrafen verurteilt werden, auch tatsächlich in den Genuß von Lockerungen des Strafvollzuges kommen, um welche Alters- und Delinquentengruppen es sich bei ihnen und bei jenen handelt, die Ersatzfreiheitsstrafe verbüßen. Andererseits sehen wir im gegenwärtigen Zeitpunkt die Institutionen des Strafvollzuges weithin übertestet. Diese Paradoxie ist um so folgen-

---

[195] *Wolff*, J.: Das Verhältnis von Theorie und Praxis in der Kriminologie. KZfSS 26 (1974), 301—325.
[196] *Müller-Dietz*, H.: Strafvollzug und Gesellschaft. Bad Homburg, Berlin, Zürich 1970; *ders.:* A. a. O. (Anm. 147); *Kaiser*, G. u. a.: A. a. O. (Anm. 57).

reicher, als das Personal des Strafvollzuges der empirischen Forschung anfangs mit großen Erwartungen begegnete, sich aber
jetzt, da selbst zum Gegenstand der Kritik geworden, enttäuscht
sieht[197]. Da sich im übrigen an der tatsächlichen Lage des Strafvollzuges bislang nur wenig geändert hat, glauben sich viele um
die Früchte ihrer zusätzlichen Anstrengungen gebracht. Daher
finden wir verbreitete Müdigkeit und Resignation.

Aber noch ein anderer Sachverhalt läßt sich am Strafvollzug
ablesen. Es handelt sich hier offensichtlich um eine Einrichtung,
die nicht nur seit langer Zeit reformbedürftig ist, sondern die
sich aus den verschiedensten Gründen auch der empirischen Forschung am leichtesten zugänglich erweist. Andere Institutionen
strafrechtlicher Sozialkontrolle stehen weniger im Blickpunkt
des Interesses. Sie können sich allerdings auch eher dem empirischen Zugriff entziehen.

Aus den Mängeln und Schwierigkeiten der unabhängigen Bedarfsforschung, aber auch zur besseren bürokratischen Koor-
dination und Kontrolle haben Verwaltung und Politiker bereits
Konsequenzen gezogen. Sie wollen die Bedarfsforschung, sei
es im Ressort der Innenverwaltung oder in jenem der Justizverwaltung, in eigene Hände nehmen. Die Reorganisation der
„kriminalistisch-kriminologischen Forschung im Bundeskriminalamt“ und in der Polizeiführungsakademie sowie der Kriminologische Dienst im Strafvollzug und „das Projekt einer kriminologischen Zentralstelle *von Bund und Ländern*“ sind die bisherigen Früchte dieser Bemühungen. Die Anreicherung von
Forschungspotential in verwaltungseigenen Händen leuchtet um
so mehr ein, da sich die kritischen oder radikalen Forschungs-
ansätze gegenüber dem Gesamtsystem strafrechtlicher Sozialkontrolle und deren Institutionen verstärkt haben. Doch darf
nicht zweifelhaft sein, daß mit der Verteilung der Mittel forschungspolitisch über Art und Inhalt der Forschung entschieden
wird. Auch praxisbezogene Forschung bleibt auf Grundlagenforschung angewiesen[198]. Deshalb kann die Bedarfsforschung in
den Händen der Innen- oder Justizverwaltung nur insoweit

---

[197] *Kaiser*, G.: A. a. O. (Anm. 133) 1971, 1109.
[198] Dazu besonders *Mannheim*, H.: A. a. O. (Anm. 11), 82 ff.; Überein-
stimmend *Kaiser*, G.: A. a. O. (Anm. 2), 10 ff.; ferner *Gemmer*, K. H.:
A. a. O. (Anm. 131); *Häring*, H.: A. a. O. (Anm. 132); *Roth*, W.: A. a. O.
(Anm. 134).

fruchtbar werden, als sie von der unabhängigen Forschung vorbereitet und begleitet wird[199].

Da in der Gegenwart mehr als je zuvor unterschiedliche Forschungsrichtungen im kriminologischen Kräftespiel handeln, und sich die herkömmlichen Grund- und Bezugswissenschaften der Kriminologie im Wandel befinden, wächst freilich die *Unsicherheit in Praxis und Gesetzgebung.* Denn diese können bei der Vielzahl der Richtungen und Auffassungen, die sich jeweils mit dem Anspruch auf zum Teil ausschließliche Zuständigkeit zu Wort melden, nicht zureichend erkennen, was wahr oder falsch ist. Auch bleibt ungeklärt, wie die große Zahl der Meinungen aufgenommen, verschmolzen und einer überzeugenden Problemlösung zugeführt werden können.

Zwar wird eine Kriminologie, die sich mehrdimensional, interdisziplinär und vergleichend versteht, wegen ihrer prinzipiell optimalen Reduktion sozialer und persönlicher Komplexität den Absichten der strafrechtlichen Sozialkontrolle am ehesten gerecht werden. Aber eine solche Kriminologie ist als Kooperationsform im wesentlichen nur im herkömmlichen *Bereich klinisch-juristischer Kriminologie* zu finden. Diese Position jedoch wird zunehmend von sozialwissenschaftlicher Seite angegriffen und in Zweifel gezogen sowie von der Kontroverse mit der Kriminalsoziologie verschiedenster Richtungen überschattet.

Dies zeigt sich besonders an der umstrittenen *Persönlichkeitsforschung.* Zwar hat bislang unbeschadet aller Kritik und Mode die Untersuchung der Täterpersönlichkeit ungebrochen im Mittelpunkt kriminologischer Forschung gestanden[200]. Auch auf

---

[199] Ähnlich *Biles*, D.: What Research Do We Want from Criminology? Austral. N.Z.J. Criminology 4 (1971), 233—238, (236); siehe dazu auch *Bundeskriminalamt* (Hrsg.): Kriminologentreffen am 12. 10. 1973 in Wiesbaden. Wiesbaden 1974; ferner die Beiträge zur Arbeitstagung der Polizeiführungsakademie Hiltrup 1974 über „Probleme der Zusammenarbeit zwischen Wissenschaft und Praxis auf dem Gebiete kriminologisch-kriminalistischer Forschung"; ferner *Busch*, M.: A. a. O. (Anm. 135).

[200] *Kaiser*, G.: A. a. O. (Anm. 133) 1971, 1109; vgl. auch *Göppinger*, H.: A. a. O. (Anm. 130); *ders.:* A. a. O. (Anm. 11), 129 ff.; *Borchardt*, K.: Die Entwicklung der Sozialwissenschaften in Deutschland. Vergangenheit und Zukunft. Mitteilungen der Alexander *v. Humboldt*-Stiftung Nr. 14/1967; *Ehrhardt*, H. (Hrsg.): Perspektiven der heutigen Psychiatrie. Frankfurt/M. 1972; *Herren*, R.: Freud und die Kriminologie. Stuttgart 1973; *Hermann*, Th.: Zur Lage der Psychologie. Psych. Rdsch. 24 (1973), 1—19; *Dechêne*, H.: Verwahrlosung und Delinquenz — Profil einer Kriminalpsychologie. München 1975.

internationalem Felde lag dieser Sachverhalt nicht wesentlich anders[201]. Ferner zeigte eine Inhaltsanalyse über wichtige Fachzeitschriften der 60er Jahre, daß die Forschungsthematik zu 80 % konstant oder ähnlich geblieben war[202]. Zum Teil sind alte Probleme nur wieder neu entdeckt worden. Gleichwohl ist nicht zu verkennen, daß die einzelnen Projekte unterschiedlich weit und tief greifen. Der Zahl nach versuchen nur wenige, ein möglichst umfassendes Bild von der straffälligen Persönlichkeit zu gewinnen.

Demgegenüber begnügt sich die große Zahl der Forscher jeweils mit einzelnen Persönlichkeitsdimensionen. Offenbar ist die Annahme leitend, daß die Befunde solcher Teilerhebungen einen gültigen Rückschluß auf die gesamte Persönlichkeitsstruktur gestatten, oder aber daß andere Fragestellungen nicht von wissenschaftlichem Interesse sind. Zu denken ist hierbei an *Befragungen und Einstellungsmessungen*. Die Untersuchung der Einstellung gewisser Bevölkerungs- oder Tätergruppen ist gängig und sehr beliebt. Sie liefert offenbar in begrenzter Zeit vorweisbare Daten, wenn möglich mit „Enthüllungscharakter" und einem Potential zur Aktivierung des Bedürfnisses staatlicher Intervention oder gesellschaftlicher Veränderung. Untersuchungen über Einstellungen der Bevölkerung zum Recht und zur Kriminalität, über Vorurteile der Majoritätsgruppe gegenüber Minderheiten, Einstellungsmessungen bei Strafrichtern, dem Strafvollzugspersonal, bei Insassen des stationären Strafvollzugs und bei potentiellen Verkehrsdelinquenten zählen zu den bevorzugten Themen[203]. Im Feld zwischen reiner Befragung und Einstellungsmessung liegt das erfragte Delinquenz- oder Opferverhalten. Beides nehmen wir als Indikator für das Dunkelfeld.

---

[201] Für die USA *Galliher*, J. F., *McCartney*, J. L.: The Influence of Funding Agencies on Juvenile Delinquency Research. Social Problems 21 (1973), 77—89.

[202] So die „Concluding Remarks" von L. *Radzinowicz* auf der „7th Conference of Directors of Criminological Research Institutes", Strasbourg 1970, 56; *Ohlin*, L. E., G.O.W. *Mueller:* Some Speculative Investments im American Criminology and their Chances of Return. Manif. MS 1969.

[203] *Kaiser*, G.: A. a. O. (Anm. 133) 1971, 1106 f.; vgl. auch die Kritik von *Holzer*, D.: Urteile und Fehlurteile bei der psychologischen und jugendpsychiatrischen Erfassung von dissozialen Jugendlichen. Praxis der Kinderpsychologie 23 (1974), 50—56.

64

Erste Untersuchungen darüber bestehen nunmehr auch im Bundesgebiet[204].

Im übrigen kennen wir jedoch nicht nur eine Richtung im Bereich der *Kriminalsoziologie*, sondern allein im Bundesgebiet mehrere Konzeptionen[205]. Doch selbst dies läßt sich noch als Bereicherung und Stimulanz hinnehmen, wenn mit der zum Teil unkritischen Rezeption amerikanischer Kriminalsoziologie hierzulande nicht erhebliche Probleme entstünden. Diese Schwierigkeiten äußern sich besonders in den Wissenslücken gegenüber Recht, Strafverfahren und Kriminalstatistik[206]. Auf diese Weise, aber auch wegen des Kampfes um Kompetenz, Ansehen und Macht im Gefüge der Wissenschaft, schließlich wegen verschiedener Paradigmata, denen Soziologen, Mediziner und Juristen folgen, ist nicht verwunderlich, wenn wir auf verschiedene „Kriminologien" treffen. Daher verhindert das reichhaltige Angebot kriminalsoziologischer Konzepte für die Erklärung der Gegenwartskriminalität nicht, daß alte Fehler neu begangen werden[207] und vielen Betrachtern die Kriminalität erneut zum Rätsel wird[208].

Wird die gegenwärtige Praxis als anstößig empfunden, und tritt man engagiert für die Veränderung der sozialen Verhältnisse ein, so läßt die *Polarisierung* auch im kriminologischen Bereich nicht länger auf sich warten. Sie trägt zwischen den einzelnen Berufsgruppen und methodischen Perspektiven, zwischen alter und neuer, traditioneller, kritischer oder radikaler Kriminologie sowie zwischen dieser und dem Strafrecht mehr zur Verfestigung bisheriger Positionen bei als zur Synthese der

[204] Vgl. *Quensel*, St.: Soziale Fehlanpassung und Stigmatisierung. Jahrbuch für Rechtssoziologie 3 (1972), 447—490; zusammenfassend *Kaiser*, G.: A. a. O. (Anm. 162).
[205] Siehe z. B. *Sack*, F.: A. a. O. (Anm. 28, 105, 150); *Opp*, K. D.: Soziologie im Recht. Reinbek bei Hamburg 1973; *ders.:* A. a. O. (Anm. 95); *Wiswede*, G.: Soziologie abweichenden Verhaltens. Stuttgart 1973, sowie die kriminalsoziologischen Forschungen in Bielefeld und Bremen; vgl. *Haferkamp*, H.: Kriminelle Karrieren. Reinbek bei Hamburg 1975.
[206] Z. B. *Bohnsack*, R.: Handlungskompetenz und Jugendkriminalität. Neuwied, Berlin 1973; *Peters*, D.: Richter im Dienste der Macht. Zur gesellschaftlichen Verteilung der Kriminalität. Stuttgart 1973; *Brusten*, M., K. *Hurrelmann*: Abweichendes Verhalten in der Schule. Eine Untersuchung zu Prozessen der Stigmatisierung. München 1973.
[207] *Jefferey*, C. R.: A. a. O. (Anm. 100), 489; *Mergen*, A.: A. a. O. (Anm. 185).
[208] *Lange*, R.: A. a. O. (Anm. 125) 1970.

tionen sichtbar und bleibt kriminalpolitische Kritik nicht aus. Daher stellt sich jetzt die Frage nach der künftigen Entwicklung.

widerstreitenden Auffassungen[209]. Damit verbindet sich die *Herausbildung geschlossener Kommunikationszirkel,* die sich gegenwärtig mit Ausnahme negativen Bezuges fast vollständig ignorieren. Da es sich aufgrund ideologischer Selektivität jeweils um relativ feste Kommunikationssysteme innerhalb der Kriminologie handelt, sind bestenfalls Kenntnisnahme und Polemik möglich, jedoch keine wissenschaftliche Verständigung oder gegenseitige Beeinflussung. Sollte sich damit eine wissenschaftlich positive Funktion verbinden, so allein die, daß kriminologisches Denken vor der Erstarrung bewahrt wird[210]. Mit der Blickschärfung für den Verbrechensbegriff und die Probleme der Verbrechenskontrolle werden freilich auch die politischen Implika-

5. Die Zukunft kriminologischer Forschung

Trotz der genannten Mängel und Dilemmas besteht aber zu resignierendem Verharren kein Anlaß[211]. Obwohl Kontroversen und Richtungskämpfe das Problemfeld bestimmen, ist der Kriminologie in dem letzten Jahrzehnt ein erheblicher Sprung nach vorn gelungen. Diese Beobachtung gilt nicht nur für das Ausmaß an Institutionalisierung in Forschung und Lehre sowie für die Zahl der wissenschaftlichen Veröffentlichungen. Sie trifft insgesamt für den Stand kriminologischer Problematisierung, die angewandten Forschungstechniken und die Güte der kriminologischen Untersuchungen zu. So sind heute in der Bundesrepublik fast alle international diskutierten Forschungsrichtungen vertre-

---

[209] Zur Kritik des Strafrechts aus der Sicht moderner kriminologischer Richtungen vgl. *Kürzinger,* J.: A. a. O. (Anm. 34).

[210] Z. B. *Giesecke,* H. (Hrsg.): Offensive Sozialpädagogik. Göttingen 1973; *Arbeitskreis Junger Kriminologen* (Hrsg.): A. a. O. (Anm. 38); *Taylor,* J., P. *Walton,* J. *Young* (Ed.): A. a. O. (Anm. 41), 1 ff.

[211] Vgl. *Lange,* R.: A. a. O. (Anm. 125) 1970; *ders.:* Diskussionsbeitrag beim Kriminologentreffen am 12. 10. 1973 in Wiesbaden. In: Bundeskriminalamt (Hrsg.): Kriminologentreffen am 12. 10. 1973 in Wiesbaden. Wiesbaden 1974, 40—44; *Lopez-Rey,* M.: The Present and Future of Criminology. Position Paper, submitted at the 7th International Congress of Criminology. Belgrad 1973; *Mannheim,* H.: Introduction. In: Mannheim, H. (Hrsg.): Pioneers in Criminology. 2nd Ed. Montclair/N. J. 1972, 1—35; *ders.:* A. a. O. (Anm. 11), 853 ff.; *Szabo,* D.: A. a. O. (Anm. 193).

66

ten. Dabei neigt die ältere Forschergeneration eher traditionellen Fragestellungen zu, während bei den jüngeren Wissenschaftlern ein ausgeprägter kriminalsoziologischer Trend angloamerikanischen Zuschnitts zu verzeichnen ist. Die nunmehr existierende wissenschaftliche Öffentlichkeit und der bestehende Forschungspluralismus nach Berufsgruppen, Methoden und Problemen wird daher auch einen angemessenen Forschungsertrag erwarten lassen.

Zwar hat die Kriminologie ihre Forschungsschwerpunkte von dem kriminalbiologischen Ansatz zu den kriminalpsychologischen, sozialpsychiatrischen und zu den kriminalsoziologischen Schauweisen verlagert. Auch verbindet sich damit die geschilderte Polarisierung zwischen den Forschungsrichtungen. Doch führt andererseits die Verlagerung der Perspektiven zu bislang unbekannten Blickschärfungen und zu Erkenntnisgewinn[212]. Wenn auch das Interesse kriminologischen Forschens gleichbleibend auf die Fragestellungen der Untersuchungsfelder Verbrechen, Verbrecher und Verbrechenskontrolle gerichtet bleibt, so schafft die wissenschaftliche Arbeit doch eine veränderte Betrachtungsweise des Forschungsgegenstandes und des Forschungsprozesses selbst. Es geht also nicht so sehr um die Neuartigkeit von Entdeckungen, sondern um die Erlangung differenzierterer Sichtweisen mit Hilfe von genaueren und zuverlässigeren Methoden. Das so gewonnene vermehrte Wissen führt zu einem Wechsel in der Erklärung gleichbleibender Erscheinungen und damit zur Aufgabe herkömmlicher Paradigmata[213]. Zugleich ändern sich Sprache, Begriff, Problemstruktur und Normen der wissenschaftlichen Arbeit. Die Anerkennung der Ergebnisse ist das Resultat einer „Überzeugungsarbeit" innerhalb der wissenschaftlichen Gemeinschaft. Über ihre Richtigkeit wird damit nicht allein durch empirische Beweise und die dafür vorgesehenen Verfahren entschieden. Sie ist auch Ausfluß repressiver und verzerrter Kommunikationsstrukturen[214], beruht somit nicht auf der diskursiven Einlösung von Argumenten in einer repressionsfreien Sphäre wissenschaftlicher Auseinandersetzung. So haben Wandel und Unterschiedlichkeit kriminologischer Para-

[212] *Nelson*, E.K., Fr. *Richardson*: Perennial Problems in Criminological Research. Crime and Delinquency 17, 1 (1971), 23—31.
[213] *Kuhn*, Th.: A. a. O. (Anm. 10).
[214] Vgl. *Habermas*, J.: Erkenntnis und Interesse. Frankfurt/M. 1973.

digmata in der Delinquenzforschung zum Teil zu Immunisie-
rungsstrategien und zu regelrechter Schulenbildung geführt.
Werden Argumente aber nicht mehr diskursiv eingelöst, so ver-
härten sich die Fronten, und es besteht die Gefahr, daß Kriminologie letzten Endes auf eine Ideologie reduziert und wissenschaftliche Argumentation durch gegenseitige Vorwürfe ersetzt
wird. Deshalb muß auch die sogenannte neue Kriminologie
lernen, mit dem weiteren Paradigmawechsel zu leben und ihn
als notwendig zu bejahen. Denn jede neue Einsicht und jedes
neue Blickfeld sind dazu verurteilt, überboten und überholt zu
werden.

In letzter Zeit werden also die gesellschaftlichen Prozesse
und Kontrollmechanismen verstärkt in die kriminologische Analyse einbezogen. Das Spektrum der kriminologischen Thematik
hat sich daher beträchtlich geweitet. Erst jetzt sind die Voraussetzungen dafür geschaffen, daß sich die Kriminologie zur umfassenden Wirklichkeitswissenschaft des Strafrechts entwickelt.
Dabei ist im weiteren Gang der Forschung eine Abschwächung
der Polarisierung im Gebiet der Bundesrepublik zu erwarten.
Demgegenüber wird sich ein starker Forschungstrend mit multi-
oder interdisziplinärem Konzept herausbilden. Der eingetretene
Bedeutungsverlust der nur täterorientierten Analyse wird sicher-
lich einer erneuten stärkeren Zuwendung zur Persönlichkeitsforschung weichen, allerdings mit verbesserten Standards und
Verfahrenstechniken als bisher. Hier bestehen nach wie vor
Untersuchungsbedürfnisse, sowohl auf dem Gebiet der Vorbeugung kriminellen Verhaltens[215], wie im Bereich praxisbegleiten-
der Forschung in Heimerziehung, Jugendstrafvollzug, Erwach-
senenstrafvollzug und Resozialisierung entlassener Strafgefan-
gener. Strafrechtspflege und Strafvollzug ebenso wie Bewäh-
rungs- und Jugendhilfe machen Diagnose, Prognose und indivi-
dualisierende Behandlung mehr denn je erforderlich. Um der
Gleichheit und Wirksamkeit, um rationaler und humaner Behandlung willen, kann man auf die Untersuchung der straffälligen Persönlichkeit ebenso wenig verzichten wie auf die wissenschaftliche Kontrolle der Durchführung von therapeutischen
Programmen im Vollzug. Fraglich kann nur sein, ob der bisherige Stand der Persönlichkeitsforschung den neuen Einsich-

[215] *Lopez-Rey*, M.: A. a. O. (Anm. 211), 18. Hinzu kommen Probleme
der wirtschaftlichen Krise und der Arbeitslosigkeit.

ten kriminologischen Denkens schon ausreichend Rechnung trägt.

Mit dem stürmischen Ausbau der Sozialwissenschaften, vor allem in den 60er Jahren[216], und dem wachsenden Anteil soziologisch ausgebildeter Forscher ist auch das kriminologische Denken sozialwissenschaftlicher geworden. Damit verbindet sich eine größere Dynamisierung der empirischen Forschung und eine stärkere Öffnung gegenüber soziologischen Grundbegriffen und Konzepten. Nachdem die Rezeption angloamerikanischer Forschungsergebnisse nunmehr weitgehend abgeschlossen ist, steht eine gleichförmige Forschungsbasis zur Verfügung. Zwar ist das, was man gesichertes Wissen nennt, im Laufe dieser Entwicklung wieder fragwürdig geworden. Als Erfolg interdisziplinärer Zusammenarbeit der Forschergruppen wird man insgesamt jedoch künftig eine theoretisch breiter angelegte und methodisch besser durchgeführte Forschung erwarten dürfen. Forschungspolitisch ist der Gefahr ideologiebefrachteter kriminologischer Analyse entgegenzuwirken. Hierbei kommt der interdisziplinären Zusammensetzung der Prüfungsgruppe beim DFG-Schwerpunkt „Kriminologie einschließlich Kriminalsoziologie" und der interdisziplinären Kritik in der kriminologischen Forschungslandschaft entscheidende Bedeutung zu.

Eine schädliche Zersplitterung der Forschungsmittel kann durch Einschränkung der DFG-Normalförderung im kriminologischen Bereich zugunsten der Schwerpunktförderung verhindert werden. Um entbehrliche Überschneidungen, aber auch die Förderung weniger qualifizierter Forschung zu vermeiden, sollten außerdem die Förderungsstrategien der verschiedenen DFG-Schwerpunkte wie „Kriminologie einschließlich Kriminalsoziologie", „Sozialisationsforschung" und „Verhaltensmodifikation" stärker aufeinander abgestimmt werden.

Das der heutigen Kriminologie eigentümliche starke Ferment der Unruhe wird sich auch auf das Strafrecht auswirken. War es

---

[216] Vgl. *Lepsius*, M. R.: A. a. O. (Anm. 154); *ders.:* Eine Wissenschaft in der Stagflation. Die deutsche Soziologie — zuwenig Empirie — zuviel Essayistik. Ein Überblick über die gegenwärtige Situation. FAZ Nr. 79 v. 5. 4. 1975, und die Kritik von *Conrad*, W.: Parzellierte Soziologie? Anmerkungen zum 17. Deutschen Soziologentag. Soziale Welt 25 (1974), 507—514; *Lutz*, B.: Enquête über die Lage der soziologischen Forschung in der Bundesrepublik und Berlin (West). Vortrag auf dem 17. Deutschen Soziologentag; über die vergleichbare Lage in England siehe *Cohen*, St.: A. a. O. (Anm. 91).

in der Vergangenheit weithin bedeutungslos, ob eine Situationsanalyse der Kriminologie ein Jahrzehnt früher oder später
durchgeführt wurde, so hat sich diese Lage inzwischen entschieden verändert. Zeitüberdauernd bleiben freilich die Aufgaben
kriminologischer Forschung. Denn sie sind in erster Linie der
Erkenntnis verpflichtet. Doch wir haben gelernt, daß sich damit
die Rolle der Kriminologie noch nicht erschöpft. Soweit sie, wie
hierzulande, das Postulat der rationalen Fortentwicklung des
Kriminalrechts teilt, übernimmt sie auch Aufgaben der Mitver-
antwortung, der Humanisierung, Gleichheit, Freiheit und Gerechtigkeit.